Reflexões de um Novo Milênio
Orações em Ritmo de Poesia

Reflections from the New Millennium
Prayers in the Rhythm of Poetry

Reflexos de um Novo Milênio

Criações em rima de Poesia

Reflections from the New Millennium

Creations in the Rhythm of Poetry

Sara Marriott

Prefácio e tradução de Sônia Café
Preface and translation by Sônia Café

Reflexões de um Novo Milênio
Orações em Ritmo de Poesia

Reflections from the New Millennium
Prayers in the Rhythm of Poetry

EDITORA PENSAMENTO
São Paulo

Copyright © 2000 Sara Marriott.

O primeiro número à esquerda indica a edição, ou reedição, desta obra. A primeira dezena
à direita indica o ano em que esta edição, ou reedição, foi publicada.

Edição	Ano
1-2-3-4-5-6-7-8	00-01-02-03-04-05-06

Direitos reservados
EDITORA PENSAMENTO LTDA.
Rua Dr. Mário Vicente, 374 — São Paulo, SP
Fone: 272-1399 — Fax: 272-4770
E-mail: pensamento@cultrix.com.br
http://www.pensamento-cultrix.com.br

Impresso em nossas oficinas gráficas.

To Esther C. Smith, my sister,
whose loving care and loyal support
have been a source of encouragement,
delight and comfort all through the
years of our lives.

À Esther C. Smith, minha irmã,
cujo cuidado amoroso e apoio leal
têm sido uma fonte de encorajamento, deleite
e conforto em nossas vidas,
por muitos anos.

Acknowledgements

With a sense of awe and wonder I have opened my mind and heart to those of great wisdom and clarity on a higher level of consciousness from whence these poems have come, often like majestic gifts.

My heart felt thanks to the many friends who have given me precious care and encouragement through the period of the writing of these poems.

With special thanks:

to Sônia Café, for her preface and for this special book, for the help and inspiration she has given me all the way with loving support;

to my sister, Esther Smith, whose loving care and loyal support have inspired me, and for her proof reading and excellent suggestions;

to João Luiz Hoefel, for reading the poems and selecting points to be clarified in the glossary;

to Neide Innecco for the gracefulness of her art that brings beauty to the cover of this book;

and with great appreciation for the loving care given by the group in the Nazaré Center of Light bringing me joy and strength to meet the many challenges of creating this book.

Agradecimentos

Foi com sentimentos de reverência e admiração que abri a minha mente e o meu coração às dádivas de grande sabedoria e clareza. Elas vinham de níveis espirituais da consciência, o mesmo lugar de origem destes poemas, presentes majestosos que recebi.

Meu coração agradece aos muitos amigos que sempre me ofertaram seu precioso cuidado e encorajamento, durante o período no qual esses poemas foram escritos.

Meus agradecimentos especiais vão para:

Sônia Café, pelo prefácio, pela tradução deste livro e pela ajuda e inspiração que ela me tem dado, juntamente com o seu apoio amoroso;

minha irmã, Esther Smith, cuja atenção amorosa e apoio leal têm me inspirado e, também, pela revisão gramatical do texto e excelentes sugestões;

João Luiz Hoefel por ter lido os poemas e ter selecionado os pontos a serem clarificados no Glossário;

Neide Innecco pela graciosidade de sua arte que embeleza a capa deste livro;

e com grande apreciação pelo cuidado amoroso que me foi dado pelo grupo no Centro de Vivências Nazaré e que sempre me trouxe a alegria e a força para ir ao encontro dos muitos desafios na criação desse livro.

Contents

Acknowledgements		6
Preface — Sônia Café		10
Introduction — Sara Marriott		14
A Game of Self Awareness in Conscious Spiritual Awakening		16
"From out the Vast Unknown They Come..."		18
I	Acceptance of Help From Higher Levels	24
II	Birth and Waking	44
III	Discovery With Our Inner Partners	56
IV	Creating the Life We Want and Need	68
V	Life's Gifts and Miracles	80
VI	Our Greater Reality	92
VII	Preparing For the New Millennium	108
Glossary		124

Índice

Agradecimentos 7

Prefácio — Sônia Café 11

Introdução — Sara Marriott 15

Um Jogo para Perceber o seu Despertar Espiritual 17

"Da Vastidão Desconhecida Surgem..." 19

I   Aceitando Ajuda de Níveis Superiores 25

II   Nascimento e Despertar 45

III   Descobertas com Nossos Parceiros Internos 57

IV Criando a Vida Que Queremos e Precisamos 69

V   Dádivas e Milagres da Vida 81

VI Nossa Realidade Espiritual 93

VII Preparando-se Para o Novo Milênio 109

Glossário 125

Preface

I met Sara Marriott for the first time in 1981. I was visiting the Findhorn Community in Scotland, where she lived, and I had been told by a friend that I must visit her. My friend was right, for from the moment I first saw her, I felt totally at one with her. She has a wonderful glow of welcoming energy, and is always attuned to others in a special way. She seems to be linked to a higher energy that makes time go by unnoticed. Her loving and accepting presence was like a soothing balm for a restless wanderer, as I was at that time.

My soul was preparing me for a greater adventure than I was aware of, that would unfold from then on. During our first meeting, Sara told me things that I could not remember intellectually, because her words were printed, not in my mind, but in my heart. I had already been in touch with concepts involving the Soul and the personality. But one thing she said puzzled me. I needed to clarify a totally new concept about the "Basic Self", so I went to see her again.

When she talked about the "Basic Self", she clarified for me the reality that we are living on many levels of consciousness simultaneously. The Basic Self is the subconscious part of our consciousness, a kind of inner partner that is always eager to serve us. It cannot discern between right and wrong, or positive and negative; it will act on whatever we say and do. She went on to show me how responsible we need to be in relation to our thoughts and feelings, because they create the reality in which we live. For Sara, the Basic Self is a real entity; she made me see that, too. She showed me that there are levels of awareness beyond ego and personal gain, and that they are like a family of "inner partners". Angels also play a very important role in our evolution. From that day on, we created a bond that would become more precious through the years.

In 1983, Sara came to visit Brazil for the first time. She soon realized that she would be staying, to participate in the creation of a Center of Living Spirituality that was being developed by a group of people in Nazaré Paulista, Brazil.

As a member of this Center for seven years, I had the privilege of being her secretary and the interpreter of her talks with the many people who came to get her help, in groups, or one by one. The teachings and the wonderful moments of joy Sara has given me are like precious jewels in my heart. She has been a mind-opener to me, but mostly she has been a teacher, showing me how to open my heart to enlightened living.

I witnessed the creating of all her books, with the exception of "From the Center — An Inner Journey", and learned how her writing is the living expression of all that is real and totally incorporated into her life. From the inner and subtle levels of Soul awareness, Sara brings to life the infinite possibilities of our evolutionary and spiritual journey here on Earth.

In "Reflections From The New Millennium" she has delved further into the dimensions of beauty, synthesis, and love. I recall a scene that I recently

Prefácio

Encontrei-me com Sara Marriott pela primeira vez em 1981. Eu estava visitando a Comunidade de Findhorn, na Escócia, onde ela vivia. Um amigo me dissera que eu não poderia deixar de ir visitá-la enquanto ali estivesse. Meu amigo estava certo, pois no momento em que a vi, senti um sentimento que me unia a ela, instantaneamente. Ela tem uma radiância especial e uma energia acolhedora, sempre em sintonia com quem dela se aproxima. Parece estar conectada com uma vibração mais elevada que faz com o tempo passe sem ser percebido. Sua presença amorosa e apreciativa era como um bálsamo tranquilizador para a buscadora incansável que vivia em mim naquela época. Minha Alma me preparava para uma aventura maior do que aquela que parecia evidente e que se desdobraria a partir de então. Durante o nosso primeiro encontro, Sara falou-me de coisas, em sua maioria conceitos espirituais com os quais eu não poderia me relacionar intelectualmente, por desconhecê-los e pelo fato de suas palavras estarem sendo impressas não em minha mente, mas em meu coração. Conceitos como Alma e personalidade já me eram conhecidos. Entretanto, apenas uma coisa intrigou-me em sua fala. E precisava clarificá-la, pois tratava do conceito do "Eu Básico", algo inteiramente novo para mim. E assim fui visitá-la outra vez.

Quando ela começou a falar do "Eu Básico", deixou claro para mim a realidade de que estamos vivendo em muitos níveis de consciência simultaneamente. O Eu Básico é a parte subconsciente de nossa consciência, uma espécie de 'parceiro interior' que está sempre disposto a nos servir. Ele não pode discernir entre certo e errado, ou entre o que é positivo ou negativo; essa dimensão da consciência vai sempre reagir em resposta ao que dissermos e fizermos. E em seguida mostrou-me o quão responsáveis precisamos ser em relação aos nossos sentimentos e pensamentos, pois eles criam a realidade na qual vivemos. Para Sara, o Eu Básico é uma entidade real; e ela me fez perceber isso também. Ele mostrou-me que existem níveis de percepção além do ego e do ganho pessoal e que eles são como uma família de "parceiros internos". Os Anjos também têm importante papel a cumprir em nossa evolução. A partir daquele dia, criamos um laço afetuoso que se tornaria cada vez mais precioso com o passar dos anos.

Em 1983, Sara veio visitar o Brasil pela primeira vez. Logo percebeu que iria permanecer por mais tempo e participar na criação do Centro de Vivência Espiritual que estava sendo desenvolvido por um grupo de pessoas em Nazaré Paulista, no interior de São Paulo.

Como um dos membros desse Centro, e durante sete anos, tive o privilégio de ser sua secretária e intérprete de suas palestras, assim como de encontros com as muitas pessoas que a visitavam em busca de orientação espiritual, em

saw in the film production of Carl Sagan's novel, "Contact". When Eleanor Ann Arroway, the scientist, finally reaches the new and never touched world of the star Vega, she says: "Poetry:.. They should have sent a poet. It's so beautiful... So beautiful... I had no idea!" Her language and words were not appropriate to describe the reality she had just discovered.

However, in this book, Sara does have the appropriate language. She is the poet who has reached a higher level of awareness, and is ready to describe a totally new world for us. And the best language for its expression is poetry — the synthesis that only a mind and heart united can create. Poetry may well be the celestial language of the stars.

I invite you to enjoy the reading of this book with an open mind and a joyful heart. Read the poems as prayers from your Soul to you, and let the understanding flow from beyond the frontiers of what you know.

May the joyful and loving Spirit of Sara Marriott be with you all along the way.

Sônia Café

grupo ou individualmente. Os ensinamentos e os maravilhosos momentos de alegria que Sara me proporcionou são como gemas preciosas em meu coração. Ela tem me ajudado muito a abrir a mente; porém, mais que tudo, tem sido uma instrutora que dá o exemplo vivo de como fazer para abrir o meu coração.

Testemunhei a criação de todos os seus livros, com exceção de *Uma Jornada Interior*, e aprendi a ver como a sua escrita é a expressão viva de tudo o que é real e está inteiramente incorporado em sua vida. A partir de níveis internos e sutis da dimensão do Espírito, Sara dá vida às infinitas possibilidades de nossa jornada espiritual e evolutiva aqui na Terra.

Em *Reflexões para um Novo Milênio*, ela mergulha ainda mais em dimensões de beleza, síntese e amor. Esse seu trabalho me faz recordar uma cena de uma produção cinematográfica, baseada na romance de Carl Sagan, *Contato*. Quando Eleanor Ann Arroway, a cientista, finalmente chega ao novo e intocado mundo da estrela Vega, diz: "Poesia... Eles deveriam ter mandado um poeta. É tão belo... Tão belo... Eu não imaginava!" Sua linguagem e suas palavras não eram apropriadas para descrever aquela realidade que acabara de descobrir.

Entretanto, nesse livro, Sara encontra a linguagem apropriada. Ela é o poeta que chegou a um nível mais elevado de consciência e está pronta para nos descrever um mundo inteiramente novo para nós. Ela encontrou a linguagem que melhor descreve essa realidade — a linguagem da síntese que somente uma mente e um coração unidos podem criar. A poesia pode muito bem ser o idioma celestial das estrelas no firmamento.

E que você possa se deleitar com a leitura deste livro, com a mente aberta e o coração cheio de alegria. Sugiro que leia os poemas como se fossem orações de sua Alma para você, permitindo que o entendimento lhe chegue, vindo de além das fronteiras do conhecido.

Que o Espírito amoroso e alegre de Sara Marriott esteja sempre por perto.

Sônia Café

Introduction

One morning in October 1996 I was sitting in my usual early quiet hour when SUDDENLY AN INNER VOICE began to intone the words that were to become a poem. The first line was repeated several times until I picked up my pen and recorded the words as they came. This experience of poems coming through in this way continued periodically for several months.

One day I was sharing some of the poems with a dear friend, Sônia Café, when we both said at the same time: "Maybe these should be in a little book."

As I shared the poems with several people, their enthusiastic response confirmed our thought: the poems should really be published for many people to enjoy. This inspired Sônia to write a foreword for the book.

Both Sônia and I had written books before, but this was my first one in the form of poetry to open inner doors to the swift changes that are taking place in all our lives. Through many channels the message is coming now: the Earth is moving into an area of greatly increased vibratory energies that will be powerfully affecting all life on our planet. We are being shown this rapid change in many ways, from the amazingly fast development in technology and communication to spiritual wakening.

We invite you to join us in this delightful, wakening adventure as we sail forth into the fascinating changes coming in the new millennium.

Sara Marriott

Introdução

Certa manhã, em outubro de 1996, durante a minha hora de quietude costumeira, escutei repentinamente uma voz interior enunciar palavras que se transformariam em um poema. O primeiro verso foi repetido várias vezes, até que apanhei a caneta e comecei a registrar as palavras que escutava. Essa experiência com os poemas perdurou por vários meses, sem interrupção.

Um dia, enquanto compartilhava alguns desses poemas com uma querida amiga, Sônia Café, falamos a uma só voz: "Talvez esses poemas devam se transformar em um livro."

À medida que partilhava os poemas com várias pessoas, sua resposta entusiasmada confirmava um pensamento: os poemas deveriam realmente ser publicados para que mais pessoas pudessem apreciá-los. Isso inspirou Sônia a escrever um prefácio para o livro.

Tanto Sônia quanto eu já escrevemos livros anteriormente. Mas esse é o primeiro que escrevo em forma de poesia e que se destina a abrir portas interiores, neste momento de intensas mudanças em nossas vidas. Muitas pessoas, por todo o mundo, trazem uma mensagem comum: a Terra está em contato com energias vibratórias mais elevadas e que afetam poderosamente todas as suas dimensões de vida. Há evidências dessas mudanças, intensificadas de muitas maneiras, desde o rápido desenvolvimento dos meios de comunicação e da tecnologia até o despertar espiritual que acontece por todo o planeta.

Faço-lhe o convite de se unir a nós nesta maravilhosa aventura ao içarmos as velas ou ligarmos as turbinas que nos impulsionarão ao mundo de fascinantes mudanças de um novo milênio.

Sara Marriott

A Game of Self Awareness in Conscious Spiritual Awakening

Enjoy the poems and the challenges they bring. Later, for further clarity and study, when you have read each poem, consider your thoughts, feelings, and reactions, and then you can grade yourself from 1 to 5 as follows:

1. This is an entirely new concept for me.

2. I doubt its reality or I feel resistance.

3. This makes sense, I feel acceptance and openness to learn.

4. This is REAL for me, I know it is TRUE.

5. I am putting this into practice in my life.

Since this is confidential, you can be truly honest in your thoughts, feelings, responses, and resistance.

Remember your High Self, and Soul, with their clearer, higher, brighter levels of consciousness are your inner Teachers.
They know exactly
who you really are,
why you are here on Earth at this time,
your true mission,
and are always eager to help you to discover the answers through:
dreams, intuition, poems, meditation, coincidences, books,
listening to the inner voice, the silence and beauty of nature,
and in many other subtle ways.

Um jogo para perceber
o seu despertar
espiritual

Divirta-se com os poemas e encare os desafios que apresentam. Mais tarde, para ter maior clareza e estudá-los mais profundamente, e após considerar seus pensamentos, sentimentos e reações ao le-los , você pode se auto-avaliar usando o seguinte parâmetro de 1 a 5:

1. Isso é um conceito inteiramente novo para mim.

2. Duvido de sua realidade ou sinto resistência para aceitá-lo.

3. Isso faz sentido para mim. Sinto que o aceito e estou aberto a aprendizagens.

4. Isso é REAL para mim; sei que é VERDADEIRO

5. Estou colocando isso em prática na minha vida.

Desde que a experiência é confidencial, você pode ser inteiramente honesta com seus pensamentos, emoções, reações e resistências.

E lembre-se: seu Eu Superior e sua Alma, com suas visões e níveis de consciência mais abrangentes e luminosos, são os seus Mestres interiores.
Eles sabem exatamente
quem você é,
porque você está aqui na Terra neste momento,
sua verdadeira missão,
e estão sempre dispostos a ajudá-la a encontrar respostas: através de sonhos, da intuição, da poesia, da meditação, das coincidências, dos livros, da escuta da voz interior, do silêncio, da beleza da natureza, e de muitas outras maneiras sutis e singulares.

"From out the Vast Unknown they Come"...

When Sara Marriott's poems began to flow during her morning meditations, inspired by her Soul Group in the Fifth Dimension, she still lived in Brazil and participated actively in the life of the Nazaré Center of Light.*

The hundreds of people who visited the Center knew her through her work of inspiring in their hearts and lives the joy and love of the Spirit of Life; they also knew her because of her spiritual journey shared in the 5 books** published in Portuguese. At that time, she would often share the poems that had come through in her meditation with the people who came to talk with her.

One day, as we shared some moments together, an idea came into our minds that the poems should become another book. At that time we thought that we could create a partnership in which I would participate in some way. We started a dialogue in search of how my participation in the book could be and we met several times with that intention; we even taped our conversations around the poems and tried to find a way for an effective partnership. At a certain point in the process, we realized that the book should be something very simple, just with an introduction, as each poem, with its universal language, was telling all that needed to be told. Sara then invited me to write the Preface that with great joy and honor I accepted to do.

As far as I know, Sara never had academic or literary training in poetry writing. All the information flowing through was coming during her moments of meditation and would reach her that way, poetically. Essentially, the value of her poetry is to communicate a spiritual vision of life, with the purpose of bringing eternal and universal truths closer to people's hearts. What Sara has to communicate come in the form and structure of poetry, with rhythm and rhyme but the essence behind the words is the best legacy she could give to us.

However, the process of translating the poems, I imagined, would be very challenging because translating poetry from one language to another is a very demanding task, mainly when the verses are composed in rhymes. (For some reason, I felt the rhymes should be kept as they give an integral part of the process and have been inspired that way.)

---

* Nazaré Center of Light — a place for altruistic service and practical living experiences where the awakening of spiritual consciousness in people is stimulated. Sara Marriott lived there for 14 years.
** Books published in Portuguese by Editora Pensamento: *From the Center, Our Link With the Higher Energies, Interdimensional Journey, The Joy of Discovering Guardian Angels in Our Lives* and *Rhythms of Life.*

"Da Vastidão
Desconhecida Surgem..."

Quando os poemas de Sara Marriott começaram a acontecer, durante as suas meditações matinais e inspirados pelo Espírito de Vida na Quinta Dimensão, ela ainda vivia no Brasil, participando ativamente da vida no Centro de Vivências Nazaré*.

As centenas de pessoas que visitam o centro, a conheciam pelo seu trabalho de inspirar em seus corações a vida plena e abundante do Espírito de Vida e, também, toda a sua jornada espiritual que está registrada em seus livros**. Naquela época, à medida que os poemas iam sendo inspirados, ela começou a compartilha-los com as pessoas que a visitavam.

Um dia, ao conversarmos, ocorreu-nos a idéia de que eles poderiam se transformar em mais um de seus livros. Naquele instante, pensamos em formar uma parceria na qual eu participaria de alguma maneira. Começamos um diálogo em busca de como poderia ser a minha participação; encontramo-nos em várias ocasiões, gravamos, em fita cassete, ponderações e percepções em torno de cada poema e buscamos um caminho para efetivar a parceria. Num determinado momento do processo, percebemos e decidimos que o livro precisaria ser algo muito simples, apenas com uma pequena introdução, já que os poemas, em sua linguagem sintética e universal, estavam dizendo tudo o que precisava ser dito. Sara convidou-me para escrever o prefácio e aceitei com muita honra e alegria.

Ao permitir que os poemas acontecessem, Sara não teve nenhuma pretensão literária ou a intenção de seguir algum padrão vigente e aceito em círculos literários. Toda a inspiração vinda do seu Grupo de Almas fluía através dela em sua meditação e chegava daquela maneira, ou seja, poeticamente. O valor de sua poesia é essencialmente o de comunicar uma visão espiritual da vida e tem o propósito de trazer para perto dos corações das pessoas verdades eternas e universais. O que ela tem a comunicar vem na forma e estrutura de um poema, com ritmos e rima, mas é a essência por trás das palavras o maior legado que ela pode nos deixar.

Entretanto, o processo de traduzir os poemas, eu imaginava, seria algo desafiante, pois verter poemas de um idioma para outro é tarefa bastante exi-

---

* Centro de Vivências Nazaré — Um local de vivências voltadas para o despertar espiritual nas pessoas, onde Sara Marriott viveu durante 14 anos.
** Livros publicados em português pela Editora Pensamento: *Uma Jornada Interior, Nossa Ligação com as Energias Superiores, Jornada Interdimensional, A Alegria de Descobrir Anjos da Guarda em Nossas Vidas* e *Ritmos da Vida*.

-- 19 --

A first translation was made by a person who offered voluntarily to do it, but when it was reviewed by some close friends it was recognized that many adjustments and some corrections should be made and the best thing to do was to ask for the help of a professional in that subject area. A first inquiry was made and in face of costs and some uncertainties the publishing of the poems were delayed. Almost two years had gone by.

Facing all that delay and intimately perceiving a great value in the poems that Sara was inspired to write, I felt it was time to take action and I accepted the challenge of translating the whole book into Portuguese and I decided that it was up to me to make the book happen. Somehow I would find the means to manifest it, even without a total clear plan in my mind. The moment I took that decision something happened.

I am the kind of person whose vital energy is very active in the early morning. But when the light of the day starts to withdraw, I feel that my creative energies also begin to do the same. I like to start my day early and I can be very productive during the morning period. But, in that particular day of my decision, I was getting ready to go to bed and it was almost 10:30 p.m. Suddenly, already under the blankets, I started to feel a very unusual rush of energy that would make me feel as if a new day was dawning. I was totally "awake" and with a clear intuition that I should get up and go to my computer in the next room. The Poems were there waiting for me. I sat at the computer and as if riding in a wave of clarity and excellent sense of humor the translation started to happen rhythmically and with the rhymes flowing without effort.

At that moment I realized that something totally new to me was happening: Sara's Group of Souls that had inspired the poems through her was working with me. They had come to help me from the Fifth Dimension. I became aware, then, from where all that lightness and wonderful sense of humor were coming from. The idea of a challenging and difficult task melted away. At that time of the night I felt totally vivified and strengthened by a state of being that was very unusual to me. The translation would flow leaving a lightness in my chest area. Sometimes the experience would become a game to play. From the Fifth Dimension I would hear the rhyming word and then: — "Now you fill in the blanks." "You don't need to worry about coming to us... We go to where you are." It became all so easy and fun and I lost track of time. I only noticed that linear time had gone by when I casually looked at the lower corner of the computer screen. It showed 7:30 a.m. I had worked for almost 8 hours non-stop and I felt totally renewed. Half of the work had been done in that fruitful encounter.

In the short period of time to complete the work that followed, I went through experiences that made me re-think the way the book could reach its readers. I realized that the poems could be seen as "*evoking meditations*" from a very healing and transforming level of consciousness in our being. I had the opportunity to confirm this intuition in a concrete experience: — A friend

gente, para não dizer angustiante, principalmente se são compostos de rimas. (E algo me dizia que as rimas são parte importante na identidade dos poemas e na maneira como foram inspirados.)

Uma primeira tradução foi feita por alguém que voluntariamente se ofereceu para fazê-lo, mas ao ser revista por algumas pessoas, reconheceu-se que iria precisar de muitos ajustes e que o melhor seria pedir ajuda profissional para fazer uma nova tradução. Isso foi feito e, diante de custos e incertezas, os poemas continuavam numa espera indefinida. Na verdade, uma espera de quase dois anos.

Diante dessa demora, e percebendo intimamente um grande valor nos poemas que a Sara foi inspirada a escrever, senti que estava na hora de agir mais decididamente e resolvi aceitar o desafio de fazer a versão para o português. Decidi, também, que encontraria os meios para que o livro se manifestasse plenamente, mesmo sem ter um plano claro em minha mente. No momento em que tomei a decisão, algo aconteceu.

Sou uma pessoa cuja energia vital está inteiramente ativa pela manhã. Quando o dia começa a se recolher, sinto que as minhas energias criativas também se recolhem. Gosto de começar o dia cedo e consigo produzir muita coisa no período matinal. Porém, naquele dia, após a decisão de fazer a tradução, eu me preparava para dormir e já passava das 10:30 da noite. De repente, já debaixo dos cobertores, sinto-me tomada por uma energia incomum, que me fazia sentir como se um novo dia estivesse começando. Eu estava totalmente desperta e com a intuição clara de que devia levantar-me e ir até o computador. Os poemas estavam à minha espera. Sentei-me ao computador e como numa onda de clareza e excelente bom humor, a tradução começou a fluir de modo rítmico e com as rimas acontecendo sem esforço.

Percebi, então, que algo totalmente novo para mim estava se manifestando: — O grupo de Almas da Sara estava trabalhando comigo. Eles tinham vindo me visitar, vindos da Quinta Dimensão. Dei-me conta, então, de onde vinha a leveza e o bom humor. Sentia-me àquela hora da noite totalmente vivificada e fortalecida por um estado de ânimo totalmente incomum. A tradução fluía e deixava o peito leve, preenchido. Às vezes, a experiência se transformava numa brincadeira de preencher parênteses — como naqueles exercícios que fazia na escola em que os espaços em brancos deviam ser preenchidos com o termo correto. Da Quinta Dimensão eles me mandavam a rima e diziam — "Agora preencha os espaços em branco... Você não precisa se preocupar em vir até nós. Nós iremos até você." Foi ficando tudo tão fácil e divertido que a noção de tempo de desfez. Percebi que o tempo havia passado quando, casualmente, vi que o relógio no cantinho da tela do computador marcava 7:30 da manhã. Havia trabalhado por quase 8 horas consecutivas e me sentia absolutamente renovada. Metade do trabalho havia sido completado naquela madrugada fértil.

No curto período em que todo o trabalho se completou, vivi experiências que me fizeram repensar o modo como o livro poderia chegar até as pessoas.

called to tell me that things were not well with her, that she felt discouraged, everything seemed so confusing and setbacks were showing up in many ways in her life. I listened to her with the best of my abilities, giving her the loving support I could give at the moment, and went back to the work with the translation.

Instantly, an invitation to do something came into my mind: — the one of printing the poem I had just finished translating, take it to the room where I sit to pray and meditate and read it aloud, feeling its rhythm, its possible meanings, and offer it all to that dear friend so that, through the mysterious workings of God, she could be helped. I repeated this a few other times along the day dedicating those short moments to that friend. That night, she called me back, a different person, with a new frame of mind, telling me that the day had been wonderful and that as if in a miracle, things had begun to flow again.

The poem that I read that day does not look like a prayer in its traditional sense. It is less of an 'invocation' and more of an 'evocation' of a level of awareness within us all that strengthens our hearts and minds; it also melts the illusion that blur our vision and cause the blockages in our being. Its content invites us to realize that all the divine help that we need is within ourselves. We only need to lift the veils that block our perception and accept that the spiritual help we need is always available.

From that moment on I realized, even more clearly, the extraordinary value of the poems and that they can be read as if they were prayers or evoking meditations in a totally new way to me. A way of praying in which we affirm our eternal and abundant connection with the Spirit of Life, independently of our religious choice or the way we understand and experience the divine presence of God.

So dear reader, this is the story that I wanted to tell you as well as invite you to meet your Divine Essence by opening this book randomly or intentionally searching on its pages for different meanings for different moments in your life. I invite you again to discover, very personally, a way of serving the transformation of our Human consciousness. May each 'text' of a poem become a 'context' in your life in which you can act and see the manifestation of the miracles awaiting you. The poem is in the rhythm of a new form of prayer and the prayer is in the eternal rhythm of poetry. Find a rhythm, your own, and dance winged and attuned to the Spirit of Love and Light that you are.

Sônia Café — August 2000

Percebi que os poemas poderiam ser vistos como "meditações evocativas" de um estado de consciência muito transformador. Tive a oportunidade de confirmar esse palpite intuitivo numa experiência concreta: — Ao receber o telefonema de uma pessoa amiga, ela me contava que as coisas não estavam bem em sua vida, que tudo parecia confuso, impedimentos se apresentavam de todos os lados. Escutei-a com o melhor de mim, dando-lhe o apoio afetivo que era possível no momento e voltei ao meu trabalho com a tradução.

Instantaneamente, surgiu em minha consciência um convite: o de imprimir o poema que tinha acabado de traduzir, leva-lo até o lugar onde costumo sentar para meditar e lê-lo em voz alta, sentido o seu ritmo, seus possíveis significados e oferecê-lo àquela pessoa amiga para que, pela intercessão misteriosa de Deus, ela fosse de algum modo ajudada. Fiz isso algumas vezes ao longo do dia, dedicando-lhe aqueles instantes. À noite, recebo um telefonema dessa mesma pessoa, já numa atitude totalmente transformada, dizendo-me que o dia havia sido maravilhoso e que, como por milagre, tudo começara a fluir.

O poema lido naquela ocasião não se parece com uma oração no sentido tradicional; poderíamos dizer que não é tanto uma 'invocação', mas uma 'evocação' de um nível de consciência dentro de nós mesmos que fortalece o coração e a mente e, assim, desmancha as ilusões que causam impedimentos. O seu conteúdo faz com que se perceba que toda a ajuda divina, da qual precisamos, já se encontra dentro de nós mesmos. É só levantarmos os véus que nos bloqueiam a visão e percebermos que a ajuda espiritual está sempre disponível.

A partir daquele instante percebi, ainda mais claramente, que os poemas têm um valor extraordinário e que podem ser lidos como se fossem orações ou evocações meditativas com um sentido inteiramente novo. Um forma de orar na qual afirmamos a nossa conexão eterna e abundante com o Espírito de Vida, independentemente de qual seja a nossa escolha religiosa e a maneira como compreendemos a Deus.

Querido leitor, querida leitora: faço a vocês o convite de ir ao encontro de sua Essência Divina, abrindo este livro ao acaso ou buscando, intencionalmente, em suas páginas, sentidos diferentes para diferentes momentos de sua vida. Convido-os a descobrir, muito pessoalmente, uma maneira de servir à transformação e à evolução da consciência humana. E que do 'texto' de cada poema possam surgir 'contextos' em suas vidas, nos quais podem agir e operar os milagres que os aguardam. Os poemas estão no ritmo de uma nova forma de oração e a oração está no ritmo eterno da poesia. Encontrem um ritmo, o seu ritmo, e dancem alados na sintonia do Espírito de Luz e Amor que vive em seus corações.

Sônia Café — Agosto de 2000

Acceptance of Help From Higher Levels

Glorious Spirit

The Spirit of Life

Dream or Reality

A New Day Dawns

A Single Thought

The Fifth Dimension

Massage From My Soul

Clear and Free

Amazing Help

The Source of Life

Aceitando Ajuda de Níveis Superiores

Espírito Glorioso

O Espírito da Vida

Sonho ou Realidade

Nasce um Novo Dia

Um Único Pensamento

A Quinta Dimensão

Mensagem de Minh'Alma

Claro e Livre

Ajuda Extraordinária

A Fonte da Vida

GLORIOUS SPIRIT

Glorious Spirit, Illuminated and free.
Eternal Life of my Being, inspiring me
To waken to my true Reality —
Precious the moments I'm conscious of Thee.

Then my whole Being is filled with Light,
Vibrant in every atom and cell
With the healing power of Spiritual Love.
Safe in this Light and Love I dwell.

Every moment of our lives on Earth
Through all that each day brings
Our Guardian Angel watches over us
With great love and protecting wings.

Unless we are open to these gifts,
We block the energy flow.
But our Guardian Angel and our Soul
Await our choice to grow.

Some need gentle and loving care,
Others need a vigorous shove.
Sometimes a crisis will reveal
Higher powers from above.

Our task in this transition time
Of conscious Spiritual birth
Is to master our own inner world
And bring Light and Love to Earth.

THE SPIRIT OF LIFE

There is no separation from the radiant Spirit of Life,
But believing that there is, brings illusion and inner strife.

Spirit animates the body in which we live — so unaware.
Its light comes shining through in meditation — and in prayer.

Soon now we will waken from our belief in separation.
This new birth in consciousness needs loving preparation.

ESPÍRITO GLORIOSO

Espírito glorioso, iluminado e livre.
Luz eterna do meu Ser, minha inspiração,
Desperta-me para a verdadeira Realidade:
Estar consciente de ti — que preciosidade!

Meu Ser inteiro se enche de Luz.
Átomos e células vibram em unidade
Com o poder do Amor Espiritual que cura.
— Amor e Luz minha habitação segura.

Cada instante de nossa vida na Terra
Está protegido pelo Anjo que guarda
Toda novidade que nasce com o dia
O grande amor alado protege e vigia.

Estar receptivo a esses dons é preciso
Sem impedir o fluxo da energia.
O Anjo guarda e a Alma espera um tento
Que a escolha seja o crescimento.

Para alguns um toque suave é o bastante;
Para outros um empurrão é a medida
Crises para quem quer a revelação
De poderes além da imaginação.

Em tempos de transição, nossa tarefa
É o nascimento da consciência Espiritual
Com a maestria que a vida interior encerra
Luz e Amor sendo trazidos à Terra.

O ESPÍRITO DA VIDA

O Espírito da Vida jamais conhece separação;
Acreditar que sim, cria o conflito e a ilusão.

O corpo em que vivemos o Espírito sabe animar.
Sua luz brilha mais em tempo de orar e meditar.

Logo despertaremos da crença na separação.
Um nascimento novo precisa de preparação.

As we open our hearts and minds to the radiant spiritual power,
It will always guide us safely — in every open hour.

Knowing we are spirits, that love transmutes all fear,
Forgiveness of our limited self clears life that we hold dear.

What we see in others as we waken we will know
Are reflections of what's in ourselves, to clear here below.

From within, the answers come, far clearer when we meditate.
A fascinating depth to plumb. Why then do we procrastinate?

Since thought is the reality, its outcome mere reflection,
Our life on Earth would not exist without the thought's selection.

Which is real — the thought or form, the body or that which goes on
And brightly shines on higher planes, where lighter bodies we will don?

DREAM OR REALITY

It was a crazy,
frightening dream
that I was sinking deeper in
a whirlpool of all my past,
through eons of time and gathered sin.

I called for help. Then came an ANGEL
of light and clarity.
"Wake from your dream"
the angel said.
" For you are fully free. "

Then looking on my life
she said:
"This silly karmic game you play
Of past attachments, fear and blame,
is more complex every day.

"The linear past is but a dream,
and now the time has come at last
To waken from that game you play
and be free
from the gathered past

"For all the lives you've ever lived
are converged in this moment now.

Coração e mente se abrem ao poder radiante,
Orientando-nos com segurança a toda hora e instante.

Sabemos que somos espíritos e o amor transmuda o medo;
Ao perdoar limitações clareamos a vida do ilusório enredo.

O que vemos na face dos outros, ao despertar saberemos;
São reflexos do que projetamos e aqui os purificaremos.

As respostas surgem de dentro com a clareza do meditar.
Profundezas fascinantes, grandes descobertas. Por que então adiar?

Se o pensamento é a realidade, sua resultante é mera reflexão;
A vida na terra não existiria se no pensamento não houvesse seleção.

O que é real — pensamento ou forma, ou saber que não perecemos,
Brilhando nos espaços elevados onde corpos de luz vestiremos!

SONHO OU REALIDADE

Um sonho louco,
aterrorizador:
afundo em abismos dissimulados;
Redemoinhos do que passou,
erros e enganos acumulados.

Peço ajuda. Um Anjo responde
com clareza e luminosidade...
" Acorda de teu sonho."
Disse o Anjo.
"Estás em liberdade."

E descortinando a minha vida,
ele disse:
"É um jogo tolo o que jogas.
De apegos kármicos, medo e culpa,
complicações em que te afogas.

"O passado linear é apenas um sonho,
finalmente chegou a tua hora
de despertar desse jogo
de cartas marcadas
e ficar livre sem demora.

"Todas as vidas vividas convergem
para este momento dado

Whatever you clear
in this present life
is cleared in all." (but I know not how)

"You have a choice of sleeping on
in the illusion of karmic shower,
or waking
to be fully cleared
in God's grace with spiritual power.

"Let the inner sun shine bright
and the spiritual love transform,
clearing all
whether dark or light,
protecting you from fear and harm.

Attention controls your energy,
how you use it
is your choice.
It is your friend or enemy,
through a high or lower inner voice.

"Turn to your soul;
it guides you well.
Tests are met more easily.
But under personality's spell
you struggle unnecessarily.

"Listen, feel, trust and grow,
with inner spiritual joy of life.
Hold attention high
and know
love's healing power above all strife." .

A NEW DAY DAWNS

It was such a delightful journey,
with my soul
— high and free.
Now suddenly I wake to find
I'm in a limited old body.

Kathrin, my dauntless Inner Child,
who manages my inner world

O que clarificas
nesta vida de agora,
para sempre estará clarificado.

"Escolhes o sono ilusório;
ação e reação, um contínuo chover;
ou despertas integralmente,
recebendo de Deus a graça
e o Seu divino poder.

"Deixa que o amor espiritual transforme
deixa o sol interior brilhar,
libertando tudo
que está na luz ou na escuridão,
protegendo-te do medo de errar.

"A atenção lidera a tua energia;
como usá-la, eis o teu dom.
Se a voz interior é amiga
ou inimiga
distinguirás o tom.

"Aquieta-te e escuta a Alma:
Não desperdices tua energia.
As provas ficam mais fáceis,
os fardos um tanto mais leves
Atenção à personalidade e sua falsa magia.

"Escuta, sente, confia e cresce
com a alegria espiritual da vida.
Presta atenção ao mais sagrado;
conhece do amor o seu poder de curar
além de toda e qualquer lida."

NASCE UM NOVO DIA

A Alma me conduz numa viagem encantada,
Em plena liberdade de espírito.
Agora e de repente acordo
e me descubro numa forma
limitada.

Kathrin, minha Criança Interior,
cuida do meu mundo interno destemidamente.

Greets me
with a happy smile,
as my body is slowly unfurled.

As I greet Kathrin, with thanks I say:
"Your role like mine
is dual, too
You manage well this body home
with the spirit of life flowing through.

Yet, caught up in my limitations,
you mirror every thought and word
Whether high or low,
dark or light,
portraying me wise or so absurd."

My glorious Spirit challenges me
to accept that I must stay
Awake and alert
in this little world
and move eagerly into the day.

Surprisingly she is showing me
that I'm a spirit of joy and love
Who agreed to come to this Earth
from my home
high above.

A question flashes through my mind
as I'm challenged to discover
Which is the true waking world
— this one
or the Other.

For a moment consciously,
both worlds hold me in their sway.
Then the busy clock
demands my full attention
and its OK.

Kathrin and I
now both agree
to cooperate in the Earth play
A shower and the Tibetan Rites
prepare us for this new day.

— 32 —

Saúda-me com belo sorriso
e meu corpo se desdobra
vagarosamente.

É minha vez de saudar e agradecer:
"Kathrin , obrigada pelo duplo papel que corporifica.
Você cuida bem deste corpo
que é a casa do Espírito
que nos vivifica.

Apanhada em minha limitação,
você espelha cada pensamento e palavra,
Vindos da luz ou da escuridão,
para elevar ou denegrir,
revelando-me tão sábia ou absurda."

Meu Espírito Glorioso
desafia-me
a aceitar essa permanência,
Acordada e alerta neste pequeno mundo,
disposta a encarar nova vivência.

Surpreende-me ao me mostrar
que sou um espírito de amor e alegria.
Deixei a minha casa nas esferas
em vir para a Terra
concordaria.

Uma indagação se acende em minha mente
com o desafio de uma descoberta.
É este aqui
ou o Outro além
o mundo verdadeiro de quem desperta?

Num instante vejo que os dois mundos
em seus domínios me possuem.
Mas o relógio mecânico exige
minha plena atenção
e eu digo que está tudo bem.

Com a nosso papel neste palco terrestre
Kathrin e eu vamos cooperar.
Uma boa chuveirada,
Ritos Tibetanos
para um novo dia vamos nos preparar.

A SINGLE THOUGHT

A single thought can cause a chain reaction
Going back through time for many years,
Linking us with myriad people —
It may be helpful or can magnify our fears.

The time has come to carefully consider
What we are sending out upon the world.
We can give higher energies of love and peace
By guarding our thoughts, as they are unfurled. .

To watch each thought with conscious attention
Is a challenge that grows greater day by day.
Transmuting negative thoughts with healing love
Is the vital part we each now need to play.

A single thought can change our whole life pattern
By releasing a limiting habit or belief.
This brings the freedom of our guiding Spirit.
Others near us also share in our relief.

As we move forward in meeting life's challenges,
Each clearer thought makes us more aware.
No greater gift can we give to others
Than to help each other with our loving care.

THE FIFTH DIMENSION

My Soul's message from the Blue Realm:
The time has come to connect,
in consciousness, to the Realm of Blue.
No effort there is required to make.
All flows in loving help to you.

We have waited long for this day,
when you are free our work to do.
Wu Wei is the Chinese way,
allowing soul's work to come through.

You feel this freedom from within,
the joy of service given with love.

UM ÚNICO PENSAMENTO

Um único pensamento pode criar uma reação em cadeia
Voltando no tempo e abarcando muitos anos
Ligando milhares de pessoas e eventos —
Pode ajudar ou aumentar medos e enganos.

Chegou a hora de perceber com cuidado
Que vibrações estamos doando ao mundo.
Podem ser ressonâncias de amor e de paz
Se prestarmos atenção ao que emana do profundo.

Observar cada pensamento com atenção
É um desafio que se expande e exige arte.
Na presença do Amor transmuta-se a negatividade
E assim com vitalidade cumprimos a nossa parte.

Um só pensamento pode mudar o plano de nossa vida;
Eis a liberdade do Espírito que nos guia.
Ao nos libertamos de um hábito ou crença limitante.
Quem estiver por perto partilha da mesma alegria.

Se vamos ao encontro dos desafios da vida,
Claros pensamentos iluminarão nosso despertar.
Nada mais precioso para oferecer aos outros
Que a ajuda e o cuidado de quem quer amar.

A QUINTA DIMENSÃO

A mensagem de tua Alma no Reino Azul,
Chega e te eleva à
Dimensão do Azul profundo.
Nenhum esforço é necessário para ali chegar.
Tudo flui para levar-te amorosamente a esse mundo.

Esperamos muito tempo que esse dia chegasse,
quando livre estarias para trabalharmos juntos.
Um jeito *Wu Wei* que os chineses conhecem,
Almas se encontram e trabalham os mesmos assuntos.

Sentes a liberdade que vem de dentro,
Sentes a alegria de quem serve com amor.

Enter the Blue Realm of your Soul
to be at home with us above.

This is the moment we agreed
before your incarnation there
When you would be our hand on Earth,
bringing a cosmic message clear.

Every soul on Earth today
awaits acceptance, love and trust
By its Earth— bound personality.
Wake, Dear Hearts, wake you must.

Through all the Spirit of Life flows,
with every breath it comes anew.
From the great Creative Source it comes,
linking all life and all you do.

When you ignore the Spirit's flow,
you miss your mission on the Earth,
But when you waken to its power,
it brings another wondrous birth.

Ignorant of the hidden treasure
"Why did we sleep so long?" you ask.
"You each have a special time to waken
and recognize your precious task"

Sleeping, waking, ever faithful,
the Spirit flows with every breath.
The magic moment of your waking
brings consciousness of vibrant worth.

As you wake from sleep of ignorance
and rise to greet the Inner Sun.
A new day dawns for Earth's people
— an inner radiant life begun.

MESSAGE FROM MY SOUL

Healing love and light of wisdom, coming from the Realm of Blue,
Keep the body strong and active and ready for this message true.

You are one with us always, representing us on Earth,
As humanity is preparing for a Fifth Dimensional birth.

Adentra-te no Reino Azul de tua Alma
e estejas em tua casa.

Esse é o encontro marcado
antes mesmo de ver-te nascer,
Quando aceitaste ser a nossa mão na Terra,
para uma mensagem cósmica esclarecer.

Toda Alma que está na terra aguarda
o amor, a aceitação e a confiança
Em torno de sua personalidade terrestre,
Mas teu despertar é preciso, é a nossa esperança.

O Espírito de Vida em tudo está presente
e se renova a cada vez que respiras;
Ele procede da Fonte Criadora do todo,
ligando a vida que acolhes e abraças.

Quando ignoras o fluir do Espírito,
perdes o contato com a tua missão na Terra;
Mas quando despertas para o seu poder,
um novo nascimento em ti se encerra.

Ignorando esse tesouro escondido, indagas:
"Por que esse sono tão demorado?"
"Cada um tem o tempo certo de despertar
e reconhecer o dom precioso que lhe foi dado."

Dormindo ou desperto,
o Espírito fiel flui com cada respiração,
O momento mágico do teu despertar consciente
é digno de celebração.

E, ao despertares da ignorância,
te elevas para saudar o Sol Interior.
Um novo dia é promessa para os povos da Terra
— uma nova vida começou.

MENSAGEM DE MINH'ALMA

Chegam a mim, do Reino Azul, luz de sabedoria e Amor que cura
Fortalecem o corpo e o deixam pronto para receber a mensagem pura.

Tua unidade conosco faz de ti nossa representante na Terra,
Enquanto a humanidade se prepara para nascer numa Nova Esfera.

Many who went on before you, hold you in their caring love
Some descend to be among you, bringing knowledge from above.

Great the loving help they offer. Can you now accept their gift?
Wake, be ready for this progress. There is no longer time to drift.

You have important work to do; clear your bodies, make them free.
Trust in the ones we bring to you, for our help to reach humanity.

You are within my energy flow, my Light fills your consciousness.
Whenever you listen this you know. My Love is yours, to heal and bless.

MY RESPONSE

Thank you, my Soul, wondrous and clear,
Your light within me banishes fear
I open my heart and mind to you
Your love sustains me in all I do.

In moments your glorious love and light,
With our beautiful Group of Souls, so bright,
Lift my consciousness to the Realm of Blue
From deep in my heart, dearest thanks to YOU.

CLEAR AND FREE

Keep clear the precious channel through which your True Life flows.
Bringing health, the joy of living, and wisdom your High Self knows.

Now as you waken consciously you know why you are here.
You discover the healing power of loving help that is always near.

No challenge can be so great, no hesitation, doubt or fear
When, with open heart and mind, you ask for Angel's help to clear.

So much is waiting to come through each channel that is clear
When we ask from higher realms the answers will appear.

You will find this true in every test that you meet day by day.
It will build confidence and trust, with your High Self leading the way.

Release all dependency on habits and make a joyous start
For in the new world being born you have a vital part.

Through all levels of your consciousness, as you keep your channel free,
There comes, along with your trust, transforming spiritual energy.

Muitos que antes de ti partiram estão com amor a te proteger;
Alguns retornam para um encontro, trazendo um novo saber.

É grande a dádiva que te oferecem. Estás pronta para receber?
Desperta, aceita o teu progresso. Não há mais tempo a perder.

A tua tarefa é importante; deixa os corpos livres e puros,
Confia em quem enviamos, com a nossa ajuda todos estarão seguros.

Estás em mim no mesmo fluxo de energia; minha Luz é tua consciência.
Meu amor é teu para curar e abençoar. Sabes se escutas com diligência.

MINHA RESPOSTA

Agradeço-te, minh'Alma clara e bela,
Tua luz em mim o medo debela.
Abro-te minha mente e coração
Teu amor me sustenta em toda ação.

Instantes contigo de amor e luz gloriosa
Nosso grupo de Almas numa luz majestosa,
À Dimensão do Azul elevas minha consciência
Meu coração agradece essa desejada vivência.

CLARO E LIVRE

Deixa claro e livre o fluxo precioso da Vida Verdadeira.
A saúde, a sabedoria da Alma e o deleite de uma vida inteira.

Descobres porque estás aqui e despertas conscientemente.
Sabes que o poder de cura é o amor a fluir constantemente.

Por maior que seja o desafio, o medo ou a hesitação,
Pede ao Anjo que te esclareça com abertura no coração.

Muito há de fluir por um canal que se torna claro;
De níveis elevados respostas surgem como um amparo.

Descobrirás a verdade disso quando encontrares as provas;
Com a Alma à frente, fé e confiança serão sempre novas.

Liberta-te de dependências e alegra-te com um novo começo.
No mundo onde estás nascendo tua presença não tem preço.

São muitos os níveis da consciência para manter em liberdade;
No teu voto de confiança flui energia espiritual de verdade.

AMAZING HELP

Before we came to Earth this time, we both had made a vow.
Though born in different places we would be guided to meet somehow.
You were a Soul more advanced, while I held a younger place.
Your purpose in coming was to help me and guide my steps with grace.

You were born in London town, an older, wiser nation;
I was born in New England and learning a new vocation.
Our Souls and the Angels seeing the potential in us each,
Helped us break the limiting bonds, a higher vision to reach.

Planning together; our Souls, through intricate, delicate ways
Guided us both to Los Angeles, upon which a higher light plays.
For twenty-seven year we held a loving support for each other,
Your quiet wisdom helping me in my work and as a mother.

Then you returned to our Soul Group in a Realm of Blue,
Leaving me to carry on alone and build my life anew.
Life became a great adventure, the challenges were bright,
Giving loving service in developing Centers of Light.

When on Earth my needs were great and I became quite ill,
I felt your presence and I knew your help was with me still.
Each time I need a guiding light and clearly call: "Joy and Love."
Our two Souls bring a surge of strength, amazing help from above.

The veils are growing thinner now, between levels of consciousness.
We begin to see the greater life, when before we could only guess.
Legions of Angels surround the Earth, ready to help, when we
Open our hearts with trust and ASK. Their Amazing Help is free.

THE SOURCE OF LIFE

"Do you believe in GOD?" They asked.
In my meditation I had seen
A glorious SUN from which there came
To everyone on Earth — a BEAM.

Creating the bodies in which we live
This Beam of vibrant energy

— 40 —

AJUDA EXTRAORDINÁRIA

Antes mesmo de nascer, fizemos uma promessa um ao outro.
Vindos de lugares diferentes, a vida nos guiaria para um encontro.
Você uma Alma mais sábia, enquanto eu inexperiente.
Seu propósito era ajudar-me e guiar meus passos graciosamente.

Nascido em Londres, numa nação mais velha e de mais sabedoria;
Meu lugar a Nova Inglaterra, onde nova vocação aprenderia.
Nossas Almas e os Anjos juntos viram o potencial que trazíamos,
Ajudaram-nos a romper limites e a alcançar a visão que queríamos.

Nossas Almas planejaram os caminhos intricados do nosso encontro
Conduziram-nos a Los Angeles, um lugar onde a luz se faz presente.
Durante vinte e sete anos amorosamente nos apoiamos nessa cidade
Com sua calma sabedoria ajudando-me no trabalho e na maternidade.

Então você regressou ao seu Grupo de Almas no Reino Azul,
Deixando-me sozinha para seguir adiante e criar vida nova.
Luminosos desafios que transformam a vida em grande aventura,
Desenvolver Centros de Luz e servir com amor a toda criatura.

Quando na Terra necessidades surgiam e se a doença me visitava,
Sua presença ao meu lado sentia e com a sua ajuda sempre contava.
Claramente escutava: "Alegria e Amor", ao precisar de uma luz guia,
Nossas Almas traziam a força e a extraordinária ajuda que alumia.

Os véus estão mais tênues entre cada nível de conscientização.
Começamos a ver a vida por inteiro, o que antes era suposição.
Legiões de Anjos circundam a Terra, prontos para nos ajudar;
Corações abertos e um PEDIR confiante —
Ajuda Extraordinária não vai faltar.

A FONTE DA VIDA

Perguntaram-me: "Acreditas em Deus?"
Pois tinha visto ao meditar
O RAIO ofertado a cada um na Terra
De um glorioso SOL a se irradiar.

Criador dos corpos nos quais vivemos,
Facho de luz e energia vibrante

Is the life within us each on Earth,
And it continues through eternity.

This Beam of life retracts again
When the time for each of us is right,
Uplifting us within the Beam
To review our lives in higher light.

Beyond our doubt and hesitation,
Our ignorance and our fear,
This Beam of energy within us
Lies deeply hidden, although so near.

The time has come for us to waken
To discover our own Reality
That is created and sustained
By God's powerful Beam, eternally.

És a vida que pulsa em nosso íntimo
Pela eternidade tua presença é constante.

E eis que o Raio se retrai outra vez.
Quando para nós a hora é chegada,
Elevados somos nesse luminoso facho,
Na luz espiritual nossa vida examinada.

Além de nossa dúvida e titubeio
Ou diante do medo e da ignorância,
Esse Raio de energia em nós se esconde
Profundezas reveladas, sem distância.

Chegou a hora de despertarmos
E descobrir nossa verdadeira Realidade,
Pois criados e sustentados somos
Pelo poder luminoso de Deus na eternidade.

Birth and Waking

Sisters Are Forever

Freedom

Wakening

Discovering Our Mission

Birth

Spiritual Energy

Cycles in Our Lives

The Human Experiment

Nascimento e Despertar

Irmãs São Para Sempre

Liberdade

Despertando

Descobrindo Nossa Missão

Nascimento

Energia Espiritual

Ciclos em Nossas Vidas

O Experimento Humano

SISTERS ARE FOREVER

Sisters are forever. A precious loving link
That helps us in our living — greater than we may think.

Souls work well together, and Guardian Angels, too,
To guide us every moment with love that is ever true.

Wherever we are living, the link holds far and near.
There is joy in just knowing loving care that is so dear.

Whatever Place we came from, to live here on Earth,
A Spiritual Higher energy guided us in our birth,

To live with special parents, whose caring love was true,
Their trust gave us the freedom our work on Earth to do.

For all life has given us, as we share our lives together,
We give loving joyous thanks, bringing inner sunny weather.

When we go on to our home — on a lighter, higher plane
Our love will hold always and we will be together again.

FREEDOM

An inner battle rages,
twixt truth and my belief.
Dull thoughts like weeds are clinging
as I struggle for relief.

Illusion's dream controls me,
until its false face shows
that only as I give it power
it magnifies and grows.

A LIGHT comes, overwhelming,
TOO BRIGHT for self to bear,
and yet I recognize its power
can lift me from despair.

Determined now I face the light,
open my eyes and see.
These dark thoughts, revealed at last,
have no power over me.

IRMÃS SÃO PARA SEMPRE

Irmãs são para sempre. Uma ligação que o amor torna preciosa,
Não dá para imaginar a sua magnitude — nem prenda mais dadivosa.

As Almas trabalham juntas, os Anjos da Guarda também
Guiam-nos a cada momento com amor que é verdadeiro bem.

Não importam distâncias da vida, a ligação é a mesma longe ou perto.
Há alegria de saber que o cuidado amoroso vem de um coração aberto.

De qualquer lugar das esferas de onde viemos para na Terra viver,
Trazidas pela energia espiritual que nos guia desde o nosso nascer.

Viver com pais especiais, com carinho o mais verdadeiro,
Sua confiança nos libertou para viver a vocação por inteiro.

Ao partilharmos uma vida em comum e tudo que vem como dádiva,
Agradecemos com amor e alegria ao sol interior sua luz mais viva.

Quando partirmos para a nossa casa num plano mais sutil e elevado,
O amor será nossa ligação eterna para um encontro renovado.

LIBERDADE

Trava-se no íntimo uma batalha,
entre a verdade e a minha crença.
Pensamentos crescem como ervas daninhas,
quero alívio para a desavença.

A ilusão mantém o controle
e mostra a sua falsidade;
Com o poder que lhe concedo
cresce ainda mais em intensidade.

Luz magnífica, avassaladora,
teu brilho não posso encarar,
Embora saiba que és poderosa
e do desespero vais me libertar.

Com determinação abro os olhos
e encaro a luz para ver.
Pensamentos obscuros se revelam
e contra mim perdem o poder

Guide me safely as I share
this vibrational change on Earth.
There is so much to learn and know
in humanity's wakening birth.

The Light is now transforming.
Forgiveness clears the way,
bringing wisdom, joy and peace
to lighten each new day.

The radiance of healing love
fills my heart and mind
As I give my life in service,
new challenges to find.

WAKENING

Glorious Spirit, Illumined and free, I open my heart and mind to you.
Life of my being wakening me, I trust your light, guiding and true.

Great the challenge of higher vibration, pressing within me every hour,
Help me to learn in each situation to discover and use my inner power.

In the silence comes your message — "Forgive all, that you may find
The spiritual gifts of love and joy, inner freedom and peace of mind."

You hold the mystery of life, the vibrant spiritual energy.
Subtle but real, the inner power. Help me trust and connect with thee.

Working together with intricate plan, souls send intuitive flashes through,
Linking me with my Creative Source; the Spirit of Life is ever new.

Radiant my soul, in realm of light, inspiring, protecting by night and day.
Help me to bring joy and love into all I think and do and say.

When my Earth experience is complete and I no longer roam
As I prepare for a greater birth, guide me safely to my True Home.

DISCOVERING OUR MISSION

As Spirits we came to Earth this time, with much to prepare
In cooperation with our soul, and our Guardian Angel's care.

Guia-me ó Luz com segurança,
pois na Terra as vibrações vão mudando.
Há tanto para aprender e conhecer,
a humanidade nasce e está despertando.

A Luz transforma a todo instante.
O perdão desfaz o impedimento,
Revela sabedoria, júbilo e a paz,
que trazem alívio a cada momento.

A radiância do amor que cura
preenche mente e coração,
Enquanto minha vida se doa em serviço,
novos desafios me encontrarão.

DESPERTANDO

Espírito Glorioso, livre e iluminado , para ti abro o meu coração e mente.
És a vida do meu ser, a luz em quem confio a guiar-me plenamente.

A vibração elevada torna imenso o desafio que pressiona de dentro.
Ajuda-me a aprender sempre e a descobrir o poder que vem do centro.

Do silêncio vem a mensagem — "Perdoa a tudo, e descobrirás
Amor, alegria, liberdade e paz interior como dons do Espírito terás.

Guardas o mistério da vida, energia espiritual vibrante,
Teu poder é sutil e verdadeiro, minha conexão uma constante.

Juntas num plano intricado, almas espargem um intuir luminoso.
Direta ligação com a Fonte Criativa; o Espírito de Vida se renova ditoso.

Radiante é minh'alma na luz eterna, inspirando e protegendo sem cessar.
Com a tua ajuda e sem demora, amor e alegria em tudo quero expressar.

Quando não mais vagar na Terra e o meu viver se fizer por completo,
Nascerei numa vida mais plena, levada ao meu Lar predileto.

DESCOBRINDO NOSSA MISSÃO

Como espíritos viemos à Terra, num intenso aprender interativo,
Da Alma e do Anjo da Guarda recebemos um apoio cooperativo.

To transmute the gathered dark, the need for light was great.
So we agreed to this our birth, bringing light to compensate.

We knew the challenge we would face in the Earth's great changes
After many thousands of years as life rises to higher ranges.

With care we chose our mission, and our parents we selected
To develop our body temple in which our spirit is reflected.

A delicate veil was drawn at birth over our previous memory.
In childhood when we did recall, it was called just fantasy.

With love our Spirit presses through whenever we give permission.
This helps us to waken and accept our specially chosen mission.

On a higher level our soul, to whom our mission is clear and true,
Of bringing love and light to Earth, tries to guide us in all we do.

Through dreams and coincidence our souls now work together,
While the Great Spirit of the Earth is changing its spiritual weather.

So many of us are waking now to the overwhelming need
To allow the spiritual light and love to overcome our earthly greed.

As this millennium ends, humanity's wakening draws nearer.
Our mission of loving service is now becoming clearer.

BIRTH

Moment by moment through each new day
The mystery of life is ever unfolding
To guide you safely on your way.
Open your heart to the grace it is holding.

There is no treasure on Earth as great
As Spiritual Love. Let It shine through
On beams of radiant Spiritual Light,
Bringing joy into everything you do.

It helps you meet and clear each test,
Transmutes each challenge weak or strong.
Trust in this healing power of Love.
Listen to the music of Its song.

Day by day, in life's vibrant sea,
Release the rocks to which you are clinging,

A escuridade acumulada exige muita luz e transmutação
Concordamos que na luz nasceríamos, como compensação

Sabíamos dos desafios nesta Terra e de sua grande inconstância;
Milênios passam e a vida emerge em mais elevada substância.

Com cuidado escolhemos a missão, selecionamos a paternidade;
Criamos no corpo um templo para o espírito refletir sua intensidade.

Ao nascermos um véu se interpôs ao que poderia ser lembrado,
E se na infância um lembrar, fantasias de um assunto encerrado.

Dando-lhe permissão, com amor o Espírito encontra uma passagem.
E nos ajuda a descobrir nossa missão e a sua especial mensagem.

Na consciência mais elevada a Alma esclarece a verdadeira missão,
E nos ajuda a trazer amor e luz à Terra guiando a nossa ação.

Nossas Almas trabalham em conjunto através de sonhos e coincidência,
E assim o Grande Espírito da Terra vive suas mutações na essência.

Muitos despertam neste instante para uma avassaladora necessidade;
Que a luz e o amor espirituais transmutem a ganância da humanidade.

Ao findar mais um milênio, o despertar do ser humano se aproxima.
Nossa missão de servir a todos com amor é clareza que anima.

NASCIMENTO

A cada momento de um novo dia
O mistério da vida se elucida
E o teu caminho com segurança guia.
Abre o coração para a graça oferecida.

Nenhum tesouro na Terra é tão precioso
Quanto o Amor espiritual. Deixa-o irradiar-se
Em Raios de Luz Espiritual abundantes,
E em tudo que fizeres permite o alegrar-se.

Encarar as provas assim é fácil,
Qualquer desafio o Amor transmuta,
Confia no seu poder de curar
Ouve a melodia, a canção do Amor escuta.

No vibrante oceano de vida, dia após dia,
Solta os rochedos em que te apegas.

The attachments, fears and lack of trust.
Swim safely in all that life is bringing.

When you came forth from your mother's womb
Into air and the radiant light of day,
You accepted amazing changes then
And adjusted to life in a wondrous way.

Now in this time of Spiritual birth
There is no turning back or second choice.
You are already in the birth canal
So, listen well to the guiding voice.

Dear Spiritual Child that is being born,
Release the illusion that is holding you
Limited only to the physical plane,
For birth brings a whole world that is new.

SPIRITUAL ENERGY

As we begin to waken to the Spiritual energy flow,
The healing power within us brings a healthy vibrant glow.

We sense a greater linking with some new cosmic power
That radiates to the Earth in this great testing hour.

Caught in a rushing river of change that is tremendous
On every level of life on Earth, what is there to defend us?

Each coin has two faces. We are never left alone.
Angels and Ascended Masters guide from a higher zone.

They waken us to higher power, with Its impartial energy.
How we use it is our choice. It can trap or set us free.

The key is our commitment, that draws energy and grace.
When it's clear and constructive, most things just fall in place.

CYCLES IN OUR LIVES

The Cycle of the Earth is proven by the sun.
Your illusion grips us as sun sets when day is done.

Dependências, medos de quem não confia
Flui com a vida e suas dádivas recebe.

Quando saíste do útero materno
O ar respiraste, recebeu-te a luz do dia;
Extraordinárias mudanças aceitastes
À vida te adaptaste numa bela sintonia.

Agora é a vez do teu nascimento espiritual
Não há segunda escolha nem como voltar atrás.
Escuta com atenção, há uma voz que te orienta
O nascer é iminente e atravessas o canal.

Esse nascimento um novo mundo te revela
Somente no plano físico limites vais conhecer
Liberta-te da ilusão que te persegue,
Querida Filha do Espírito que está a nascer.

ENERGIA ESPIRITUAL

Flui a energia espiritual e começamos a despertar;
O brilho que vem de dentro revela o poder de curar.

A um novo poder cósmico nos conecta a sensação
Que se irradia para a Terra neste instante de provação.

Como num rio turbulento mudanças fluem sem piedade
A vida na Terra afetando, como nos defender da intensidade?

Cada moeda tem duas faces e jamais estaremos sozinhos.
Num plano mais elevado, Anjos e Mestres são nossos vizinhos.

A um poder espiritual equânime, eles vão nos despertar.
Como usá-lo é nossa escolha. Pode aprisionar ou libertar.

A chave está no compromisso que atrai energia e graça.
Quando é claro e construtivo, ordena que tudo se faça.

CICLOS EM NOSSAS VIDAS

O Ciclo da Terra é determinado pelo giro diário do sol.
Quando se põe e o dia acaba, a ilusão nos apanha em seu rol.

The Cycle of the Year, swinging through each season,
Challenges us to learn there's more than limited reason.

The Cycle of the Moon is regular and true.
Each month it keeps its pattern and blossoms yet anew.

The seven-year cycles give us an important key
To guide us on our way in best use of energy.

The laws of Mother Nature follow a cycle true
When we can tune in to them, our life is ever new.

The Cycles of OUR LIFE in spirals are returning.
Learn from their joy and strife the progress we are earning.

Happily we can learn to use the gifts they bring
To transform with Inner Light. To be joyful and to sing.

THE HUMAN EXPERIMENT

Our Galaxy has a myriad suns, but in the creative plan
At least one spot was set aside for the experiment of man.

What would humans choose to do with the gift of free will?
To use their powerful life force? For creations great or ill?

In the great body of humanity, each human as a single cell
Subconsciously affects the lives of all who on Earth now dwell.

When we ignore the keen effect of this human experiment,
Our ignorance imprisons us, and rules how our life is spent.

In the higher energies coming to Earth in this third millennium,
Millions of people are waking from materialism that kept them numb.

Waking to use their life force, with its spiritual love that heals
And transforms our life on Earth, in the light our Creator reveals.

Inner pressures now are far more great, to use our Spiritual Light
And healing Love, in this experiment, to make humanity's future bright.

O Ciclo de um Ano vai passando por cada estação,
Desafia o aprendiz a transcender a limitada razão.

O Ciclo da Lua é regular e verdadeiro.
Seu padrão mensal é mantido e se renova por inteiro.

Os ciclos de sete anos dão uma chave importante:
A de guiar o nosso caminho ao usar a energia abundante.

As leis da Mãe Natureza seguem um ciclo exato
Nossa vida se renovando quando a sintonia é um fato.

Nas voltas da espiral os ciclos em nossa vida regressam.
Aprendizagens e progressos na dor e na alegria não cessam.

Bom para quem aprende a usar esses dons com alegria
E canta e dança na luz da transformação que ninguém adia.

O EXPERIMENTO HUMANO

Nossa Galáxia tem miríades de sóis, mas na criação de um plano
Um lugar foi reservado para o experimento do ser humano.

O que os seres humanos fariam com o dom do livre-arbítrio, afinal:
Usariam a sua poderosa força em criações do bem ou do mal?

Cada ser é como uma única célula no grande corpo da humanidade,
Sutilmente afetando as vidas de quem fez da Terra sua cidade.

Quando ignoramos o efeito preciso desse humano experimento,
A ignorância nos aprisiona e rege a nossa vida sem talento.

Nas energias espirituais que chegam à Terra no milênio entrante,
Milhões de pessoas despertam de um materialismo paralisante.

Despertando para a energia de vida, o amor a saúde estabelece
E transforma a vida aqui na Terra, com a luz que o Criador oferece.

Pressões internas intensificam o uso de nossa Luz Espiritual
E nesse experimento, o Amor nos garante um futuro sem igual.

Discovery With Our Inner Partners

The Wizard and the Ego
River of Joyous Energy
Our Greatest Venture
Forgiveness
Our Inner Partners
Discovery
Creating Inner Balance

Descobertas com Nossos Parceiros Internos

O Mago e o Ego

Rio de Energia Jubilosa

Nossa Maior Aventura

Perdão

Nossos Parceiros Internos

A Descoberta

Equilíbrio Interior

THE WIZARD AND THE EGO

We are all talented actors on this Earthly stage of life.
Our costume of a physical body meets both joy and strife.

The magic of the Wizard, with spirit of love and light,
Shines a beam into each heart, ever radiant and bright.

The ego, or personality, is the role we have selected
We have a choice each moment of how well it is directed.

The director is magnificent behind the ego's play
When we listen to our Soul's cues, we are guided night and day.

Our challenge is to play our part, but remember who we are.
With joy and love lighting the way, we can be a brilliant star.

RIVER OF JOYOUS ENERGY

Flowing gently through our lives, giving life its majesty,
There is a wondrous inner power. Can we accept Its energy?
Inner doors were safely closed to protect us from Its spell
Waiting for our conscious growth to waken safely and live well.

One by one we had to face the inner barriers that stood so tall,
Ingrained in our life's pattern, discovering each one, letting it fall.
It is a shock to find so many are hidden deep within.
As each one comes to the surface it causes us much chagrin.

For years we battled with problems, thinking we were all alone.
Now a whole new energy surges, as our spiritual power has grown,
To help us all on this planet to waken, to grow and to rise,
To build a strong inner fortress, no longer caught by surprise.

The secret lies in our heart, with its healing power of love.
When we give it our attention this will be our treasure trove.
The spiritual gifts of love and light on all levels shining through
Unifying all our chakras, bringing freedom when our trust is true.

Only when beyond all doubt we could be trusted with this gift,
Which is for the good of all, with no tearing negative rift,
Could the glorious guiding Spirit help us through this testing time?
And gradually prepare our hearts for this venture rich, sublime.

O MAGO E O EGO

A terra é o palco da vida e atores talentosos somos.
No traje de um corpo físico harmonia e conflito representamos.

Num espírito de amor e luz, o Mago traz sua magia,
Ilumina um raio a cada coração, brilho que se irradia.

O papel que selecionamos é o de ego ou personalidade.
Escolhemos a cada momento ser dirigidos com qualidade.

O diretor é magnífico e conduz o ego em sua representação
Ao escutarmos as deixas da Alma, noite e dia vem a orientação.

O desafio é representar nossa parte, não esquecer quem somos.
Amor e alegria mostram o caminho e como uma estrela brilhamos.

RIO DE ENERGIA JUBILOSA

Flui suave em nossas vidas, deixa a vida majestosa,
Estamos prontos para aceitar energia interior tão poderosa?
Portas internas fechadas a nos proteger do seu encantamento,
Até despertarmos conscientemente e viver bem a todo momento.

Barreiras internas, uma a uma, tiveram de ser encaradas,
Deixá-las cair, descobri-las de perto, estavam enraizadas.
Que susto ao descobrir que são tantas e tão escondidas.
Ao emergir à superfície deixam marcas as mais desvalidas.

Anos a fio encaramos problemas a pensar que estamos sozinhos.
Mas uma nova energia surge, poder espiritual que abre caminhos
E nos ajuda a despertar neste planeta e a seguir sempre em frente.
Não somos apanhados desprevenidos; seguros estamos interiormente.

O poder espiritual do amor que cura, seu segredo está no coração.
Será nosso tesouro por direito, se lhe dermos plena atenção.
Dádivas espirituais de amor e luz brilham e passam em cada nível
Unificam nossos chakras na liberdade da confiança infalível.

Quando, além de toda dúvida, a dádiva nos é confiada
E sem discórdias destrutivas para o bem do todo é partilhada,
Vem o Espírito Glorioso e em época de provas nos ampara
E numa aventura sublime e bela nossos corações prepara.

OUR GREATEST VENTURE

It is neutral, this radiant Life Force,
that surges through each cell.
Its Spiritual Source of love and beauty
with acceptance keeps us well.

Through each dimension of consciousness,
with its vibrant energy,
The Life Force guides and teaches.
Souls work together with synergy.

Subconsciously we are interlinked
in a mysterious, joyful way.
We are teaching our Basic Self
with every thought and all we say.

Soul and Basic Self are partners,
attuned to Spiritual energy flow.
They work together to help us waken
to our potential here below.

In the nighttime of our wandering,
stars were shining overhead.
Now a Spiritual light is dawning,
calling us from our ego bed.

We can waken ever so slowly,
or rise quickly with joy and light.
The choice is ours of how we waken,
but wake we must from ego's night.

The Sun of Spirit ever shining
awaits us in a great new day.
With wisdom and vibrant joy
It guides us on our venturous way.

FORGIVENESS

A majestic power lies hidden deep within us,
Which holds for us healing and inner peace.

NOSSA MAIOR AVENTURA

Neutra e radiante essa Força de vida surge
e a cada célula mantém.
Sua Fonte Espiritual de amor e beleza,
quando aceita, nos faz bem.

Atravessando níveis de consciência,
com sua vibrante energia,
A Força de Vida guia e instrui.
Almas trabalham em sinergia.

Alegre e misteriosamente
no subconsciente uma ligação construímos;
Com cada pensamento e tudo que dizemos
nosso Eu Básico instruímos.

Sintonizados no fluxo de energia espiritual,
Alma e Eu Básico são parceiros:
Trabalham juntos para nos ajudar
a desenvolver potenciais verdadeiros.

Enquanto vagamos pela noite,
sobre nossas cabeças estrelas se irradiam.
A madrugada de uma luz espiritual se anuncia
e acorda egos que dormiam.

Podemos despertar muito vagarosamente
ou levantarmos com disposição e alegria.
A escolha é nossa de como despertaremos,
a noite do ego se finda com o novo dia.

Nesse novo dia nos aguarda o Sol do Espírito
cujo brilho é constante,
E nos guia por caminhos e aventuras
com sabedoria e alegria vibrante.

PERDÃO

Um poder majestoso dentro de nós se esconde
E mantém um foco de cura e paz interior.

When we discover its life-giving qualities
We can feel this healing energy release.

Like a cleansing shower on a sultry day
Forgiving clears away the clinging mass
Of old hurts, blame and our resentments,
Allowing the recurring karmic game to pass.

The dragon that guards this hidden treasure
Is our clinging to attachments of the past
That burdens us, destroying our happiness.
Yet, by seeking this treasure we are free at last.

The choice is ours every living minute,
To open our hearts and clear our thoughts and minds
With practice, shaking loose old limitations
And ignorance that clings to us, and binds.

Only our conscious selves need our forgiveness.
Then, within us, all others will be freed.
In a caring subconscious interlinking
We can become free of our fears and greed.

Once we've seen a view of the glorious summit
Of the Spiritual mountain that forgiveness reveals,
Nothing can bar the way in our eager climbing,
Guided by the Spirit of Life that inspires and heals.

OUR INNER PARTNERS

Energy rushes toward us from the Great Source of Creation,
Bringing life to Planet Earth through many levels of vibration.

Our precious Inner Partners, our Basic Self and Soul.
Bring to us this Spirit of Life and help our lives unfold.

Our Basic Self manages the body in which we live.
The breath of Life and heartbeat are her vital gifts to give.

Our Soul, our Inner Teacher in the fourth dimension.
Connects us with our Higher Self without the least pretension.

Acceptance is most needed by our Ego Self, so dear,
Breaking through limitations of control, doubts and fear.

Ao descobrirmos suas qualidades vivificantes
Sentiremos que a cura está ao nosso dispor.

Como chuva que refresca um dia abafado,
O perdão lava a sujeira aderida
De velhas mágoas, culpas e ressentimentos,
Deixando passar toda insistente ferida.

O dragão que guarda o acesso a tal tesouro
E pesa muito ao destruir nossa felicidade,
É o apego a tudo que já ficou no passado.
Buscar o tesouro é promessa de liberdade.

A escolha é nossa a cada minuto vivido
De abrir corações e clarear pensamentos;
Com a prática, velhas limitações se desprendem;
A ignorância aderida não aprisiona os sentimentos.

Apenas o eu consciente precisa do nosso perdão;
assim, dentro de nós, tudo se libertará,
E os elos subconscientes ao serem bem cuidados
Nos deixam livres do medo e a avidez um fim terá.

A montanha espiritual do perdão revela
De seu ponto culminante a gloriosa visão;
Nada impedirá nossa decisiva escalada,
Guiados pelo Espírito que cura e doa a inspiração.

NOSSOS PARCEIROS INTERNOS

Da Grande Fonte Criadora a energia se apressa em nossa direção,
Traz vida ao Planeta Terra em muitos níveis de vibração.

A Alma e o Eu Básico, numa parceria interior e singular,
Trazem-nos o Espírito de Vida e nos ajudam a desabrochar.

O Eu Básico administra o corpo físico em que vivemos,
Alento da Vida, batidas cardíacas, dons vitais que recebemos.

A Alma, nosso Instrutor interno, na Quarta dimensão
Conecta-nos com o Espírito sem qualquer dissimulação.

A aceitação é um dom necessário que o ego precisa expressar,
Dúvidas e medo se dissipam e a ilusão de poder controlar.

With delightful cooperation our Inner Partners play
A great part on the stage of life when we trust and clear the way.

When we can begin to waken to our greater Reality
The glorious Spirit of Life brings a stronger vitality.

Linked with Souls in Higher Realms, guiding night and day,
With healing love and wisdom, our Souls teach us the way.

With the help of our inner Partners and their spiritual insight
We'll be lifted to the 5th dimension with its powerful love and light.

DISCOVERY

How do we discover the radiant Being that we
Have hidden deep within us, our light of eternity?

Trusting that it exists is the first step we can take.
A positive approach to life will help us to be awake.

Our precious Basic Self already holds the link
With the glorious Spirit of Life, which is nearer than we think.

Beyond our words and thoughts, there comes an inner knowing.
Our spiritual love is healing and inner light is glowing.

What are the inner barriers that hold us in our prison?
Illusions, false beliefs and attachments that have risen.

The prison door that holds us, one day we will discover,
Was never firm or locked. Then our freedom we recover.

CREATING INNER BALANCE

We have a loving inner family
Of father, mother and child,
Always ready to help us.
Their message is subtle and mild.

As we picture a place of beauty
In silence deep and clear
And listen in the quiet,
Their voices come, near and dear.

Nossos Parceiros demonstram uma cooperação exemplar.
Ao confiarmos sem impedimentos, com eles podemos contar.

Se começamos a despertar para nossa verdadeira Realidade,
O Espírito de Vida nos abençoa com grande vitalidade.

De níveis superiores nossas Almas nos orientam noite e dia
Mostrando-nos o caminho do amor que cura e da sabedoria.

Com a ajuda dos Parceiros internos e de suas visões espirituais,
Somos levados à Quinta dimensão de luz e amor sem iguais.

A DESCOBERTA

Como iremos descobrir em recôndita profundidade
Aquilo que em nós se esconde, nossa luz de eternidade?

Confiar que essa luz existe é o primeiro passo a ser dado.
Ver a vida com positividade é vital para se estar acordado.

O Eu Básico, precioso parceiro, mantém viva a ligação
Com Espírito de Vida glorioso, mais próximo que a imaginação.

Além das palavras e pensamentos, há um saber intuitivo
Que a luz interior brilha sempre e o amor espiritual é curativo.

E o que são essas barreiras que nos mantêm em sua prisão?
Falsas crenças e apegos, artimanhas nascidas da ilusão?

A porta da prisão que nos segura, um dia ainda descobriremos,
Jamais esteve fechada por inteiro. Assim a liberdade recuperaremos.

EQUILÍBRIO INTERIOR

Temos dentro de nós uma família adorável
O pai, a mãe e a criança,
Sempre dispostos a ajudar
Com mensagens sutis e bem-aventurança.

Ao imaginar um lugar de muita beleza
Num silêncio cristalino e em profundidade,
Escutamos no espaço da quietude
Suas vozes nos falam com proximidade.

The masculine voice is practical,
Geared to the world without.
If allowed to dominate our lives
It brings a workaholic bout.

The feminine, gentler, wiser voice,
When we learn to hear its tone,
Opens to Spiritual Light and love,
And we know we are never alone.

The voice of our dear inner child
Brings relaxation and fun
With Spirit of Joy shining through.
Then our inner balance is won.

The secret is to listen well,
Giving each one its equal time,
Ready to allow each guiding voice
To bring peace, rhythm and rhyme.

Life is a surprising adventure
When we open our minds to see.
With the joy of inner balance,
All the best in life is free.

A voz masculina fala de praticidade,
O mundo exterior lhe dá sustento.
Se ela domina a nossa vida
Trabalhar sem parar é seu intento.

A voz feminina, mais suave e sábia,
Se seu timbre aprendemos a escutar,
Cria aberturas para a luz e o amor do Espírito
E jamais sozinhos vamos estar.

A criança interior é uma voz querida,
Traz diversão e contentamento.
Irradiante como o Espírito da Alegria,
Uma conquista do equilíbrio a cada momento.

O segredo está em saber escutá-las
O tempo justo doado com estima,
Prontos a deixar que a voz que guia
Traga a paz, o ritmo e a rima.

A vida é uma aventura surpreendente
Que a abertura em nossas mentes se faça.
Com a alegria do equilíbrio revelada,
Pois o melhor da vida é de graça.

Creating the Life We Want and Need

Creating Health and Inner Peace

Our Spiritual Gem

Expanding Consciousness

The Ego and the Soul

Crisis

Leadership

Opinion-itis

Criando a Vida Que Queremos e Precisamos

Criando Saúde e Paz Interior

Nossa Gema Espiritual

Consciência Expandida

O Ego e a Alma

A Crise

Liderança

Opiniãonite

CREATING HEALTH AND INNER PEACE

As the Master Teacher said two thousand years ago,
"Guard well your body, your spirit's temple here below.

"If you clear your inner house, toss out, not make amends
With darker entities within, they will return with all their friends."

We must confront, get it out, the psychologists have said.
Wisdom shows we must confront ourselves, not enemy or friend.

What we send out upon the world our inner magnet that is exact
Will powerfully bring back to us in health or pain with great impact.

Every thought that we create takes on a form, an inner spell
That moves through the body where we live, affecting every cell.

Good thoughts bring us joy and health — this is proven to our gain.
But when a thought is bad or sad, to our dismay it causes pain.

Every action, good or poor, carries a creative energy
That brings reaction equally, drawn back by magnetic memory.

As we waken consciously we discover through the years
We are a Spirit of Love and Light that can transmute our doubts and fears.

Life's great secret of health and peace, adding light to all about,
Is choosing the reactions we need, creating our lives from inside out.

OUR SPIRITUAL GEM

Hidden deep within our hearts
A precious gem grows dearer.
Its spiritual facets through the years
Are more real and gradually clearer.

This spiritual diamond in us all
Awaits with love and care
For us to make each facet bright
Inspiring us to trust and dare.

As we learn to polish each tiny face,
Positive thoughts are a hidden key
To the powerful beam of inner light
That transforms and sets us free.

CRIANDO SAÚDE E PAZ INTERIOR

Como disse o Mestre dos Mestres há dois mil anos atrás
"Guarda bem o teu corpo, templo do espírito aqui onde estás.

"Se limpas a tua casa interna, expulsas, sem os devidos cuidados
As entidades obscuras regressam com os amigos multiplicados."

Para os psicólogos devemos trazer para fora, ao confronto dar abrigo.
A sabedoria diz para confrontar a nós mesmos, não ao amigo ou inimigo.

O que enviamos para fora o magneto interior é exato
Seu poder atrai de volta saúde ou dor, com grande impacto.

Cada pensamento que emitimos cria forma ou encantamento
E assim viaja através do corpo, em cada célula um movimento.

Bons pensamentos resultam em saúde e alegria — um bem comprovado.
Mas se o pensamento é ruim ou feito de tristeza, a dor será um legado.

Toda ação, boa ou ruim, traz consigo uma energia criativa
Ela atrai uma reação que a iguala na memória magnética ativa.

Num despertar consciente descobrimos, depois de muitos enredos
Somos um Espírito de Amor e Luz a transmutar dúvidas e medos.

O grande segredo da vida é saúde e paz, na luz que brilha a toda hora,
Escolhendo reações necessárias, criando vidas de dentro para fora.

NOSSA GEMA ESPIRITUAL

No fundo dos nossos corações
Está guardada uma gema preciosa.
Suas facetas espirituais se revelam
Com clareza e realidade graciosa.

O diamante espiritual em nosso âmago
Espera com amor e carinho
Que façamos cada faceta brilhar
Confiança e ousadia pelo caminho.

Ao aprendermos a polir cada face pequenina
Pensamentos positivos são uma chave escondida
Que revelam o poder da luz interior
Transformando e libertando para a vida.

Opening out hearts to higher love
We are polishing our precious gem now
And with our inner Spiritual Light
We discover we do know how.

The only true difference in any of us
In this time of spiritual birth
Is how much we've polished this inner gem
And brought light to our Mother Earth.

EXPANDING CONSCIOUSNESS

The deep reality comes home
To my restless mind's surprise.
There are Spiritual Beings helping us
As from cosmic sleep we rise.

The more we dare to open up
To the powerful energy flow
Of the Spiritual love that heals us
The clearer our hearts will grow.

No longer can doubts and fears
Hold us in confusion.
When inner Spiritual light comes on
We see them as mere illusion.

Every single thought we have,
Every thing we may feel,
Gives energy to the elusive dark
Or to the Radiant Light that's Real.

How great the opportunity
In this time of rapid change
To create a vital waking world
And extend our conscious range.

THE EGO AND THE SOUL

Our ego has such great fear of letting us be free
To open our hearts and minds to our Spiritual Reality.

Corações abertos para o amor maior
Assim polimos nossa gema rara
E na Luz Espiritual que nos anima
Sabemos fazer e o descobrir não pára.

A única coisa que nos diferencia
Nesta época de nascimento espiritual
É a intensidade do brilho de nossa gema
E a luz trazida para a Mãe Terra afinal.

CONSCIÊNCIA EXPANDIDA

Certamente a revelação se faz presença
Em minha mente surpresas a inquietar.
Há Seres Espirituais nos ajudando
De um sono cósmico vamos despertar

Quanto mais abertos nos tornamos
Ao poderoso fluir da energia
O amor Espiritual dirige a cura
Desabrochando corações em sintonia.

Medos e dúvidas nunca mais
Estamos livres da confusão
Quando a Luz Espiritual está por perto
Vemos que tudo é mera ilusão.

Cada pensamento que emitimos
Cada emoção sentida afinal,
Aumenta o vigor da escuridão esquiva
Ou nutre a Luz Radiante e real.

Que oportunidade extraordinária
Nesta época de rápidas mudanças
De criar um mundo que desperta
Ao expandirmos conscientes andanças.

O EGO E A ALMA

Nosso ego tem um medo imenso de conhecer a liberdade
E ao Espírito abrir corações e mentes, nossa Realidade.

It is threatened by any change or of losing its own powers
It keeps us trapped in busy-ness in all our waking hours.

How can we learn to escape its control that is so tight
And meet each of its challenges with a secure inner light?

In meditation we can escape, or in a quiet hour.
And go beyond the ego's fear of losing its power.

In the beauty of a sunset, or lightning in a storm
We can go beyond the ego's play and need to perform.

Patience and persistence are a secret key
To open an inner door to our Greater Reality.

Freedom comes step by step from our inner prison
When we can help our ego to have a higher vision.

We can learn to trust our soul's great caring love
And open to joy and spiritual light coming from above.

As we learn how to really live, to trust and to dare,
We open to great spiritual help that is real and always fair.

CRISIS

Each Crisis has a purpose
Which we need to discover.
Linking souls and Basic Self
Will help us to recover.

Our soul knows the purpose
And tries to get it through
In dreams and meditation.
Then we will know it, too.

Some souls work together
To help the answer flow.
In relaxed conversation
It clicks through, then we know.

Our ego has such a need
To be in control;
It fears the higher energies
Thus it takes a heavy toll.

Ameaçado por qualquer mudança, temendo a perda do poder
O ego nos aprisiona de dia e nos ilude com muito por fazer.

Como fazer para nos libertarmos de um controle tão avassalador
E ir ao encontro dos desafios na segurança da luz interior?

A meditação é uma saída ou quando a quietude podemos viver
Transcendemos os controles do ego e o seu medo de perder o poder.

Diante da beleza do poente, ou de um relâmpago na tempestade
Podemos ir além dos seus desígnios de ser sempre a majestade.

Paciência e perseverança são chaves internas, secretas,
E para nossa Realidade Maior deixamos portas abertas.

A liberdade vem passo-a-passo dessa íntima prisão
Quando ajudamos o nosso ego a ampliar sua visão.

Podemos aprender a confiar na Alma e em seu amor fraterno
E receber a alegria e a luz espiritual que vêm do eterno.

Ao viver uma vida verdadeira, confiando em nossa capacidade,
Recebemos grande ajuda espiritual com justiça e verdade.

A CRISE

Toda crise tem um propósito
O qual devemos revelar.
A ligação da Alma e o Eu Básico
Certamente vai nos ajudar.

A Alma conhece o propósito
E busca sempre trazê-lo
Em sonhos ou em meditação
Para que possamos conhecê-lo.

Almas trabalham em grupo
Para ajudar no fluir das respostas
E em conversas sem tensão
Surgem sempre boas propostas.

O ego tem grande necessidade
De estar sempre no comando
Teme as vibrações mais elevadas
E causa sempre grande desmando.

If the ego can accept
What it must release,
Our life is free again to flow
In spiritual love and peace.

LEADERSHIP

Every creature has a head, whether very small or large.
Without coordination, there is no guiding one in charge.

For the normal and effective use of our time and energy,
We all need to work together, but with loving synergy.

To focalize a group, whether of many or just a few,
Good leadership is needed, so everyone knows what to do.

Even in conversation we have a leading part to play,
Whether in talking or listening, attention is needed every day.

Careful leadership is needed for our Basic Self, so true,
For with every thought and word we are telling it what to do.

The secret of fine leadership without mis-using power or control
Is our own loving example, guided by our Inner Teaching Soul.

Good leadership always brings forth creative energy
From the group we are guiding, with love and clarity.

Every level of our consciousness has a teaching, leading role,
To coordinate our whole Being with the guidance of our Soul.

OPINION-ITIS
(The little ego's "i" dominates)

Our Souls bring us together — in an amazing, special way
To show us what we need to clear — a vast inner array
Of fears, opinions, and beliefs — created through years of time.
They must be released to free us for our Spiritual climb.

Opinions are the cleverest tricks our egos play on us.
They trap us in limitations, causing us to fuss.
They cut us off from others — make us feel superior;
They hide the truth and blind us with a complex inferior.

Se o ego pode aceitar
Que precisa soltar apegos,
A vida flui e a liberdade se faz
Com amor espiritual e paz.

LIDERANÇA

Seja grande ou pequena, toda criatura tem uma cabeça.
Sem coordenação, não há quem oriente ou obedeça.

Para o uso efetivo do tempo e de nossa criativa energia,
Todos precisam trabalhar juntos, na mais amorosa sinergia.

Seja pouca ou muita gente reunida, um grupo precisa de coordenação,
Boa liderança é necessária e assim todo mundo sabe de sua ação

Até mesmo numa conversação o liderar é parte integral;
Se um fala o outro escuta, a atenção é ingrediente vital

No íntimo o nosso Eu Básico precisa de uma liderança verdadeira,
Pois com cada palavra e pensamento vai junto uma ordem derradeira.

O segredo de uma refinada liderança em que se usa o poder sem malefício
É exemplificar o amor que vem da Alma , Mestra interior em ofício.

A boa liderança certamente atrai um fluxo de criatividade
Que vem do grupo que se lidera com amor e claridade.

Cada nível da nossa consciência cumpre o papel de instruir e liderar
E coordenar a inteireza do Ser com o que a Alma tem a revelar.

OPINIÃONITE

Nossas Almas nos aproximam de um jeito extraordinário
Para mostrar o que precisa ser mudado no variado vestuário;
Feito de opiniões, crenças e medos, criados na dimensão temporal
E que deve ser deixado de lado em nossa escalada espiritual.

Opiniões são a artimanha mais inteligente que o ego usa de fato
Aprisionando-nos em limitações, causando-nos grande espalhafato.
Podem nos isolar dos outros, ou nos dar um quê de superioridade;
Ao esconder a verdade, nos cegam ao complexo de inferioridade.

The surest sign of inner lack is apparent when we
Feel superior to others, in this mysterious Galaxy.
We can free the chains that bind us — with every positive word,
By seeing the best in others, and sensing when we are absurd.

Where we put our attention the flow of energy goes.
We always have a choice — as our True Self knows.
No matter what is happening — when we turn to inner light
It uplifts our thoughts and feelings with an energy clear and bright.

Happy acceptance of everyone, holding each one dear,
And releasing our tight opinions — lift us above our fear.
Bringing the joy of living into our lives each day,
Guided by a sense of humor, letting Spiritual love hold sway.

O sinal mais aparente de escassez, se torna uma verdade imperiosa,
Quando nos sentimos superiores aos outros, nessa Galáxia misteriosa.
E possível nos libertarmos das correntes com cada palavra positiva
Vendo sempre o melhor nos outros e que o absurdo não sobreviva.

A energia segue o fluxo e vai para onde está nossa atenção.
Temos sempre uma escolha e nosso Verdadeiro Eu sabe a razão.
Não importa o que aconteça, ao nos voltarmos para a luz interior
O pensar e o sentir se elevam com a clareza e o brilho do amor.

Aceitar a cada pessoa, na proximidade de um bem querer
Liberta opiniões arraigadas e vemos que não há nada a temer.
Com a alegria de viver trazida à vida de todo dia,
O bom humor nos inspira e o amor espiritual nos guia.

Life's Gifts and Miracles

The Key of Life

Life's Miracle

Gifts of the Spirit

Wizard Magic

The Radiance of Spiritual Love

Life's Gift

Inner Leadership

Dádivas e Milagres da Vida

A Chave da Vida

O Milagre da Vida

Dons do Espírito

O Mago e sua Magia

A Radiância do Amor Espiritual

O Dom da Vida

Liderança Interior

THE KEY OF LIFE

From out the vast unknown they come,
Words of love and light and peace.
Words of courage to press on.
A higher voice now comes with ease.

They lift me into each new day;
Joy expands my heart again,
Regardless of Earth's changing moods
Revealing sun or mist or rain.

Love is the key to inner doors
Locked in concepts, false belief.
Until we trust that hidden key
We search in vain for our relief.

Something is shaking loose the bars
Of doubt and fear and limitation
Like the tremors of an earthquake
Freeing us from our inner prison.

Quick my heart, open the door!
Let inner spiritual light and love
Guide me up the spiral way
Toward my true home, high above.

LIFE'S MIRACLE

From deep within my consciousness surprising bits of flotsam rose.
Buried deep, unknown to me, they challenged, waking and in repose.

I found there was no true escape, no matter how I tried
By being busy, working hard; they would not be denied.

I understood the hounds of Heaven. No way I could be free.
As in the Earth-sea legacy I fled gloom on land and sea.

I knew the fractured sense of self that held me in its sway,
Blinding me to who I am, held love and peace at bay.

They were within and must be cleared, They were not right or wrong.
I found they rose in memory, with a challenge deep and strong.

Rising from forgotten past, they held me in illusion.
Hiding the truth until at last I sought freedom from confusion.

A CHAVE DA VIDA

Da vastidão desconhecida surgem
Palavras de luz, amor e paz.
Instigam coragem e facilmente
A voz do espírito presente se faz.

Palavras me despertam a cada dia;
Alegria em meu coração faz um bem.
Não importam os humores aqui na Terra
Trazendo sol, chuva ou névoa também.

O amor é a chave de portas interiores
Fechadas por conceitos e falsas crenças.
Até confiar nessa chave escondida
Buscamos em vão curar desavenças.

Mas algo pressiona para soltar
Barras de dúvida, medo e limitação;
Como os tremores de um terremoto
Estamos livres dessa interna prisão.

Apressa-te, coração, abre logo essa porta!
Deixa a luz espiritual do amor entrar
E que me guie pelo caminho espiralado
De volta ao eterno, meu verdadeiro lar.

O MILAGRE DA VIDA

Do profundo de minha consciência surgem memórias destroçadas,
Enterradas, desconhecidas, desafiam-me em sonho ou acordada.

Descubro que não há como escapar; não importam as tentativas
Ocupando a mente, trabalhando demais, não aceitam negativas.

Compreendo-lhes o sentido, não há como me libertar.
Legado que a Terra nos deixa, de toda tristeza quero escapar.

Sei que o eu fragmentado quer me manter em sua prisão,
Cegando-me para quem sou, com o amor e a paz na escuridão.

Estavam em meu íntimo pedindo clareza, além do certo e do errado.
Surgiram em minha memória como um desafio profundo e arraigado.

Trazidas de um passado esquecido, me aprisionaram na ilusão,
A verdade escondendo até que afinal me libertei da confusão.

To Glorious Spirit, Creator of life, with great love, joy and peace,
I came each day in quiet time, this dark threat to release.

A moment came — a Flash of Light — with truth, so powerfully,
I turned and faced that old dark threat; surprised, it fled from me.

Thus the healing power and light were filling inner space
Until the shadow grew more small, and vanished in God's grace.

When in crisis, pain or fear, with courage I move through.
A higher great transcending power brings the miracle anew.

GIFTS OF THE SPIRIT

In our planet's swift changes
The time has come at last
For Earth's people to waken,
Freeing attachments to the past.

Freedom comes from deep within us
Bringing great opportunity.
By freeing others in our thoughts
We also become free.

Forgiveness like an inner shower
Of light and joy and peace,
Frees us, and all in our aegis,
With a powerful calm release.

Enthusiasm is a gift
Of spiritual energy flow.
When we learn to accept it,
We feel its radiant glow.

It carries us beyond old limits
With surprising energy.
No inner barrier can withstand
This touch of eternity.

In this materialistic world
It is a joy for us to see
That the great gifts to the Spirit
Are absolutely free.

Ao Grande Espírito Criador da vida, com grande amor, paz e alegria,
Venho para essa ameaça obscura liberar, na quietude de cada dia.

Chegou o momento e num raio de luz poderosa a verdade se revelou;
Voltei a face, encarei a ameaça escura; surpreendida, ela escapou.

E assim o poder espiritual da luz, o espaço interior ocupa;
A sombra diminui de tamanho e na graça de Deus se dissipa.

Quando em crise, na dor ou no medo, com coragem sigo em frente.
Novos milagres são trazidos pelo poder espiritual transcendente.

DONS DO ESPÍRITO

Mudanças se fazem com rapidez
E finalmente chegou a hora
De despertar o povo da Terra,
Soltando apegos sem demora.

A liberação vem do nosso âmago
Trazendo grande oportunidade.
Ao libertar os outros no pensamento
Também conhecemos a liberdade.

O perdão é como uma chuveirada,
Banho luminoso de alegria e paz,
Deixa a gente leve e a quem nos acompanha
E uma poderosa calma nos traz.

O entusiasmo é um Dom divino,
Uma fluência de energia espiritual,
Se aprendemos a aceitar sua dádiva,
Sentimos o seu brilho sem igual.

Levados além de velhos limites
A energia é surpreendente.
Não há barreiras no caminho
O toque do eterno se sente.

Nesse mundo de materialidade
É imensa a alegria ao perceber
Que os grandes dons do Espírito
São absolutamente livres de receber.

They are waiting our acceptance
And best use of our free will
To dare to open our hearts and minds,
Our mission on Earth to fulfill.

WIZARD MAGIC

We are the Wizard, with magic Spirit of Life.
The body the Wizard created from two tiny seeds
Is a miracle in action, and it is ever changing,
Keeping the rare wisdom of meeting our real needs.

The Joy of Life is natural. With healing Spiritual love.
We will come to know its power and consciously waken,
Releasing inner barriers of fear and limitation,
Living in the present, our karmic game forsaken.

Reaching through the veil of doubt and hesitation,
Our Wizard Self is helping us in a magic way.
As we use our Wizard power of love, light and joy,
Our life grows clearer with practice day by day.

With great love, our soul, our wise inner teacher,
Is guiding our progress, and helping prepare the way
To clear our thoughts and minds and teach our Basic Self,
With the Wizard's magic, a great mental game to play.

Our challenges are met with ease when love shines through.
We learn to clear all our tests with transforming inner light,
And to trust our Intuition, that will bless and guide our life
As we move into a higher plane of consciousness more bright.

THE RADIANCE OF SPIRITUAL LOVE

How do we learn to tap the Source
Of sparkling healing Spiritual Love
That knows no limiting barrier
But flows gently from above?

Love guards the mystery of life
That cannot be controlled.

Apenas esperam a nossa aceitação
E o livre-arbítrio saber gerir
Ousando abrir corações e mentes
Nossa missão na Terra cumprir.

O MAGO E SUA MAGIA

Somos o Mago, feito na magia do Espírito da Vida.
A partir de duas sementes, o corpo do Mago foi criado
Numa ação miraculosa que está sempre em mutação,
E com rara sabedoria supre necessidades com cuidado.

A alegria de viver é natural. Com o amor espiritual que cura,
Conheceremos o seu poder ao despertarmos conscientemente.
Liberando barreiras interiores de medo e limitação,
Com débitos kármicos resgatados, viveremos no presente.

Rompendo o véu da dúvida e da hesitação,
O Mago interior nos ajuda com sua maestria.
Luz , amor e alegria são poderes a serem usados;
Nossa vida se expande luminosa, na prática do dia-a-dia.

Com grande amor nossa Alma, instrutora sábia no interior,
Orienta o nosso progresso e ajuda a preparar o caminho.
Pensamentos se clarificam na mente e ao Eu Básico ensinam
A magia mental do Mago, um jogo que não se joga sozinho.

Quando o amor brilha em nós, encaramos desafios com facilidade.
Aprendemos a resolver nossos testes com a luz interior transformante.
Confiamos na intuição que abençoa e a nossa vida diária orienta,
E alcançamos uma consciência mais elevada e sempre brilhante.

A RADIÂNCIA DO AMOR ESPIRITUAL

Como aprender a contatar a fonte
Do Amor Espiritual que cura
E sem conhecer barreiras
Do alto flui, gentil e pura?

O amor protege o mistério da vida
Que não pode ser controlado.

To saint and sinner it flows alike;
In Its power each is consoled.

Through higher levels of consciousness
The power of love flows easily.
But in our denser physical plane
We limit the flow incredibly.

In this time of massive change
Hoards are invading Mother Earth,
Controlling the passions of the young
In a take-over of random birth.

Passion, that controls the senses
Is a great challenge for humanity.
True love is a healing spiritual power
That sets trusting people free.

Love is a precious sacred trust.
When commitment is true and deep.
It is the greatest power on Earth
A treasure to honor and to keep.

LIFE'S GIFT

Time, whether linear or cyclic, is a third dimensional tool
Freer on the fourth dimension, higher there is no limiting rule.

It is not the length of time we spend, but what we create each minute.
One moment can reveal great truth; only our belief creates the limit.

True treasures are hidden lightly in our higher consciousness.
In meditation or quiet times, our limiting barriers become far less.

Renewal comes with each inbreath and in our sleep at night;
It comes with every positive thought and each act of love and light.

The radiant flowing Spirit of Life has a vibrant energy
That brings to us a welcome touch of our eternity.

The tests and trials of life are great, but with this spiritual tide
Surging in our consciousness, new strength comes deep inside.

As we welcome each new day, and for all that comes we are ready,
Precious sharing fills our life, with a light and love more steady.

Igualmente flui para o santo ou o pecador;
Em seu poder tudo é consolado.

Atravessando níveis de consciência,
O poder do amor flui facilmente.
Mas no plano físico mais denso
Limitamos seu fluxo incrivelmente.

Nesta época de mudanças massivas
A Mãe Terra está sendo invadida
E assolada por nascimentos ao acaso
Resultantes da paixão juvenil induzida.

A paixão que controla os sentidos
É um grande desafio para a humanidade.
Amor verdadeiro é poder espiritual que cura
E deixa os que confiam conhecer a liberdade.

O amor é preciosa e sagrada confiança
Um compromisso profundo e verdadeiro.
É o poder maior que há na Terra:
Tesouro que se honra e se guarda inteiro.

O DOM DA VIDA

O tempo, seja linear ou cíclico, é ferramenta tridimensional
Na liberdade da dimensão acima não há limite funcional.

Não é o tempo que se gasta, mas o que em cada minuto é criado.
Um instante pode revelar a verdade, apenas a crença cria o limitado.

Em nossa consciência maior, tesouros se escondem sutilmente.
Em meditação ou quietude, barreiras se dissolvem facilmente.

A renovação se faz ao respirar e a cada noite quando vamos dormir;
O pensar positivo faz o mesmo quando luz e amor estão no agir.

O radiante Espírito de Vida flui com poderosa energia;
A eternidade nos toca e nos recebe em sua harmonia.

Nas marés espirituais da vida, os testes e processos são intensos
Surgem em nossa consciência com força que renova por dentro.

Dar as boas vindas a cada novo dia, prontos a todos receber,
Luz e amor estão presentes, para de bens preciosos a vida preencher.

When attention is on the PRESENT we touch the heavenly realm.
Our energy becomes more centered, which puts us at life's helm.

The present is a "present", our Beloved Creator's gift.
A treasure that can always give us a magic Spiritual lift.

INNER LEADERSHIP

Guiding our lives through all that comes,
The radiant Spirit of Love and Light
Is always waiting to be understood
In every moment of day and night.

Why are we blocking this flow of Grace
That can reveal life's mystery
And free the happiness within,
Breaking through old patterns of history?

It is fear in its many hidden guises
That keeps us bound in limitation.
It brings us tests in this school of life
And a tangled web of temptation.

How much can we open our minds and hearts
To accept this guiding, protecting power?
It is always our choice, with our free will
In every second, minute and hour.

Quando a atenção está no PRESENTE, tocamos a dimensão celestial.
A energia está no centro, estamos no comando de nossa vida afinal.

O presente é um "presente", uma dádiva do nosso amado Criador.
Elevação espiritual que se revela como um tesouro mágico e encantador.

LIDERANÇA INTERIOR

Guia nossa vida em tudo que acontece
O Espírito de Amor e de Luz radiante
Sempre espera para ser compreendido
Noite e dia e a todo instante.

Por que bloqueamos o fluxo dessa Graça
Que os mistérios da vida pode revelar
Soltando a felicidade que está dentro
E velhas histórias do passado libertar?

É o medo em seus muitos disfarces
Que nos aprisiona na limitação.
E traz as provas na escola da vida
Prendendo-nos na teia da tentação.

O quanto podemos abrir corações e mentes
E aceitar o poder que protege sem demora?
A escolha é sempre nossa, o querer é livre
Em cada segundo, minuto e a toda hora.

Our Greater Reality

Transition
The Higher Choice
Evolution
Our Greater Self
Lessons of Life
Memories
Interdimensional Journey
Relativity
The Leading Edge

Nossa Realidade Espiritual

Transição

A Melhor Escolha

Evolução

O Eu Supremo

Lições da Vida

Memórias

Jornada Interdimensional

Relatividade

Os Pioneiros

TRANSITION

We are on an inner journey of clearing many things.
The way is ego plodding or swift on spiritual wings.

We find our emotional body often clinging fast
To repeated patterns that are triggered by the past.

Slipping by the present, the future is beckoning,
Pulling our restless mind with its eager reckoning.

The more we release attachments, the easier we will find
An inner joy and freedom, and a happiness of mind.

Then health and strength are renewed. Our purpose is more clear.
The present moment opens us to a love that transmutes fear.

This life on Earth, they tell us, with all of its pretensions,
Is but a tip of our real life with its vast dimensions.

Swiftly now the changes come as we approach ascension.
Life reveals its wonders now, if we will pay attention.

Our life is like a rubber band stretched almost to its limit.
About to be released at last to spring back with us in it.

Up to the higher dimensions from which we all came,
Taking gifts we've gathered of beauty, love and fame.

THE HIGHER CHOICE

We are visiting our planet Earth
From our home in a higher realm.
Why did we come? Guiding us,
Who is at the helm?

We had an important choice to make —
To come or to remain there
To learn more wisdom. We chose to come —
Our spiritual light to share.

At birth, forgetting who we are
We're caught in a dense domain,
Where our High Self has been
Lost in the fog of material gain.

TRANSIÇÃO

Nessa jornada interior em que muitos fatos se esclarecem.
Os passos do ego pesam, as asas do espírito enaltecem.

Ao corpo emocional os apegos estão atados,
Padrões repetitivos pelo passado acionados.

Escorregando pelo presente, o futuro nos chama,
Engaja a mente inquieta em sua ávida trama.

Quanto mais livres de apegos, descobriremos facilmente:
Alegria interior e liberdade são a felicidade da mente.

Com saúde e força renovadas, o propósito se clarifica,
O amor transmuta o medo e o momento presente indica.

Isso é a vida na terra, nos dizem, com todas suas ilusões,
Fragmentos da vida verdadeira em vastas dimensões.

As mudanças se apressam e nos aproximam da ascensão.
A vida revela suas maravilhas se lhe prestarmos atenção.

Nossa vida é como elástico distendido ao seu limite,
Pronto a nos impulsionar sem que ninguém evite.

De volta às dimensões espirituais, ao lar de onde viemos,
Levando beleza e amor e a reputação que recebemos.

A MELHOR ESCOLHA

Estamos visitando o planeta Terra
Vindos de nosso lar espiritual
Por que viemos? Quem nos guia,
Quem é que lidera afinal?

Tínhamos uma escolha importante a fazer:
A de vir e por aqui ficar.
Aprender com sabedoria, foi nossa escolha
E nossa luz espiritual compartilhar.

Ao nascer, herdamos o esquecimento
Apanhados no domínio da densidade
E a nossa Alma assim perdida
Se deixou levar pela materialidade.

A message comes assuring us
That we have a mission here.
As we waken more consciously,
The answers grow more clear.

We discover we are Spiritual beings
Who have chosen this time to come
To bring the spiritual light to Earth
And true love from our higher home.

EVOLUTION
Instinct to intellect to intuition

Many million years ago we volunteered to come
As Spirits knowing who we are, to make the Earth our home,
Bringing the gifts of love, light and creative energy,
For the greatest experiment ever, in this galaxy.

In the miracle of life we built a temple for the spirit
To live in physical form and learned how to manage it.
A subconscious basic self, we created then
To manage this physical body, guided by its Elohim.

Then as Spirits we developed a body more sensitive.
It is the emotional body, in which we feel and live.
Our basic self learned to control it, over many years.
Instinct then emerged to protect us in our ego's fears,

The next change of higher vibration created the Intellect.
For thousands of years we practiced to control it with respect.
Now the Spirit of love and joy, with radiant Inner Light,
Is preparing us to waken and to develop our inner sight.

A magnificent birth in consciousness is bringing amazing change,
Preparing our basic self to manage our delicate mental range.
With the third dimension clearing, we can open our minds and hearts
To our Soul in the fourth dimension to learn the intuitive arts.

Each dimension of energy, through which the Spirit flows,
Has its level of vibration, as our Soul so wisely knows.
The progress of all levels — conscious self, basic self and Soul —
Will move up another dimension, each to a higher goal.

Vem a mensagem que nos assegura
Que há uma missão que temos de cumprir.
Ao despertarmos mais conscientemente,
Respostas claras não param de fluir.

Somos seres espirituais e descobrimos
A escolha de estar aqui neste momento,
Para trazer a luz espiritual à Terra
E o amor de nosso lar no firmamento.

EVOLUÇÃO
Do instinto ao intelecto à intuição

Há milhões de anos atrás aqui chegamos voluntariamente;
A Terra é o lar escolhido onde o Espírito viverá sapiente.
Trouxemos dons de amor, de luz e energia criadora
Nessa galáxia, uma experiência extraordinária e inovadora.

A vida faz o milagre e para o Espírito constrói um templo:
Viver numa forma física e aprender a dar o exemplo.
Um eu subconsciente então, nesse instante foi criado
Guiado por seu Elohim, corpo físico sendo bem administrado.

Como Espíritos desenvolvemos um corpo mais sensível,
Feito da emoção que sentimos e nem sempre visível.
Depois de muitos anos, o eu básico aprendeu a cotrolá-lo,
Com instinto de proteção quando o ego vê o medo assaltá-lo.

Uma nova mudança vibratória criou assim o Intelecto.
Por milhares de anos praticamos o seu controle por completo.
Mas um Espírito de amor e alegria com sua luz eterna e radiante
Prepara o nosso despertar para uma visão interior constante.

Um nascimento em consciência está trazendo mudanças sem igual
Preparando o eu básico para administrar o delicado aparato mental.
A terceira dimensão se clareando, podemos mente e coração abrir
Para que a Alma na Quarta dimensão nos ensine a arte do intuir.

Todas as dimensões de energia, através das quais o espírito se oferece
Têm seu próprio nível vibratório, como a Alma sábia conhece.
Eu consciente, eu básico e Alma, e o progresso de todos os níveis,
Muda-se para dimensão mais elevada, sempre com metas visíveis.

When our assigned work on Earth is finally complete,
And we feel we are ready our soul's group to meet,
We will return joyfully to the home from whence we came.
The reverse pattern — but swiftly — will be much the same:

The first body we created is the first to be released.
The physical, then emotional and mental bodies will be freed.
Until a clear, bright consciousness only has remained,
With the spiritual gifts of experience that on Earth we have gained.

OUR GREATER SELF

Glorious Spirit that we are, awaiting recognition
Within our Earthbound bodies, where hidden deep
Are happiness and freedom, security and peace,
That are vital to our Soul and revealed to us in sleep.

Spiritual energy enters with every single breath
It helps us to waken and be free of our belief
In illusion and attachments and many limitations.
Then our True Self emerges with tremendous relief.

Every person on Earth, regardless of their status,
Is a glorious Spirit, however hidden it may be.
Behind the mask of daily life, even totally forgotten,
Their radiant Spirit always is struggling to be free.

Each constructive thought is like a powerful LIGHT
That can banish a whole mass of negativity.
It also radiates through subconscious interlinking
To waken and uplift the Spirit in all humanity.

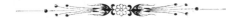

LESSONS OF LIFE

Lessons of life are revealed all around us,
Symbols of challenges, and of many degrees
Of vibrations and energies affecting our lives,
Like water that can be mist or flow or freeze.

We progressed through grades and experience
In childhood when we were in school.

Quando a nossa tarefa na Terra finalmente se completar
E sentirmos a prontidão para o grupo de Almas encontrar,
Retornaremos alegremente para o lar que um dia deixamos
Rapidamente e em ordem invertida para casa regressamos.

O corpo físico é liberado, sendo o primeiro entre os que foram criados.
Em seguida, o emocional e o corpo mental são libertados.
Até que apenas uma clara consciência é tudo o que permanece,
Junto às dadivas espirituais e à experiência que a vida na Terra oferece.

O EU SUPREMO

Somos Espírito Glorioso à espera do reconhecimento
Dentro de corpos terrestres onde se escondem, profundas,
A felicidade e a liberdade, a segurança e a paz,
Vitalidade para a Alma , revelações do sono oriundas.

Energia espiritual que nos penetra em cada alento
E nos ajuda a despertar para sermos livres da crença
Na ilusão, livres dos apegos que tanto nos limitam.
E assim o Eu Verdadeiro surge além da desavença.

Cada pessoa na Terra, não importa o seu status,
É um Espírito glorioso, mesmo que muito velado.
Por trás de máscaras cotidianas, mesmo que escondido,
Seu Espírito radiante tem sempre a liberdade ao seu lado.

Cada pensamento construtivo é como Luz poderosa
Que pode banir para sempre a densa negatividade.
E também se irradiar através de ligação subconsciente,
Para despertar e elevar o Espírito de toda humanidade.

LIÇÕES DA VIDA

Lições da vida se revelam à nossa volta,
Simbolizando desafios, revelando vibrações;
Espectro da energia que afeta nossa vida,
Névoa, fluxo, gelo — da água manifestações.

Progredimos através de graus e experiência
Na infância o que na escola se integra.

Now we are teaching our dear inner child
To whom every thought becomes a new rule.

Our body on Earth is like a light bulb
That limits the power of our life's light.
The emotional body is much more free,
While thoughts flow swiftly on wings so bright.

Beyond our Earth bodies there are transformers
Bringing the Spirit of life and love through,
Giving life to every cell in our bodies.
These higher transformers are our bodies, too.

But we are not these bodies or transformers.
They are the vehicles through which our life flows.
We are a magnificent Spiritual Life Force,
Dimmed only by limits our egos impose.

MEMORIES

From deep in our sub-conscious
Memories often come unbidden.
But when we search to find one,
It sometimes stays quite hidden.

A sudden memory may call us
To give it our full attention;
For something to clear from the past
Or help on a new invention.

A phobia deep and challenging,
From one of our lives long past,
Can be recognized and cleared
And we will be free at last.

Glorious memories are like gems
That touch our minds and hearts;
Sunsets, rainbows, happy days
A melody or fine arts.

Agora instruímos a preciosa criança interior
Para quem cada pensamento é uma nova regra.

O corpo terrestre é como uma lâmpada
Que limita em nossa vida o poder da luz.
O corpo emocional é muito mais livre,
Enquanto asas brilhantes o pensamento conduz.

Há transformadores além dos corpos terrestres
Que trazem até nós o Espírito de vida e amor,
Transmitindo vida a cada célula em nosso corpo,
Pois cada veículo também é um transformador.

Mas não somos esses corpos ou transformadores.
Eles são os veículos que o fluir da vida compõe.
Somos uma magnífica Força Espiritual de Vida,
Obscurecida apenas por limites que o ego impõe.

MEMÓRIAS

Das profundezas do subconsciente,
Memórias surgem sem serem pedidas.
Mas se queremos ir ao seu encontro
Às vezes permanecem bem escondidas.

Lembrança repentina pode ser um chamado
Para que se lhe preste total atenção;
Algo que se clareia de um passado
Ou quem sabe a receita de uma nova invenção.

Um medo profundo, um desafio
De uma vida já muito distante,
Pode ser conhecida, clarificada,
Liberdade conquistada num instante.

Lembranças assim são gemas preciosas
Pois tocam a mente e o coração;
Ocasos, arco-íris, dias felizes,
Como obras de arte ou uma canção.

INTERDIMENSIONAL JOURNEY

What is happening in that dark land where, as a journalist, I had wandered?
Suddenly that challenging experience was haunting me, as I pondered.

My Soul appeared in protecting light, releasing my doubts and fears.
We ventured forth toward Shadowland to visit again after many years.

We found the land that had been so dark now ablaze with many a light
To my joy and great surprise. We entered an area that was more bright.

We were welcomed by Ray, a radiant soul, who had left his life on Earth
To accept this great challenge here, to bring to lost people a life of worth.

These living, working Theaters of Light that he had created through the years
Had rescued hundreds of wandering Souls, helping them to release their fears.

Ray showed us a massive screen, which linked this main Center of Light
With all the theaters of vibrant life. The older ones appeared more bright.

Ray guided us then to visit a Center, where we found the original crew
Creating a new Theater of Light, and I greeted those whom still I knew.

Deep happiness filled my heart with love as I finally said farewell to Ray,
Who had been my precious son on Earth, and returned to my normal day.

RELATIVITY

When we breathe out, inbreath comes;
After an active day, comes sleep
Bringing the glorious spirit of life,
In consciousness both high and deep.

We live a busy life on Earth
Then rest a while, each with our Soul
To clear our process and to learn,
Preparing to make our life more whole.

Whether breathing, waking, sleeping,
Living on Earth or higher plane.
The pattern of our spiritual progress
Continues always, much the same.

We are radiant Spiritual Beings
Expressing through our bodies here.

JORNADA INTERDIMENSIONAL

O que acontece nessa terra escura onde, como jornalista, vaguei?
De repente, um desafio me espreita, uma experiência assombrosa, ponderei.

Minha Alma surge numa luz protetora e me liberta de dúvidas e medos.
E uma vez mais aventuro-me nessa Terra sombria depois de tantos enredos.

Essa Terra outrora tão escura agora brilha com nova luz,
Imensa alegria, grande surpresa, um brilho maior que me conduz.

Ray, um ser radiante, tendo deixado sua vida na Terra, recebe-me em seu calor.
Ele aceitou o desafio desse lugar ao dar aos que se perderam uma vida de valor.

Teatros vivos de Luz e ação que ele havia criado pela vida afora
Resgatam centenas de Almas perdidas, libertando-as do medo agora.

Ray nos mostrou esse Centro de Luz a outros conectados numa tela imensa
Teatros luminosos de vida vibrante tendo os mais antigos uma radiância intensa.

Guiados por Ray a visitar o Centro, encontramos a equipe de fundadores
Saudando a todos que conhecia, novos Teatros de Luz e seus criadores.

Dizendo adeus a Ray, uma felicidade profunda encheu de amor meu coração:
Ele tinha sido o meu filho querido na Terra e de volta estou em mais um dia de ação.

RELATIVIDADE

Quando expirarmos, a inspiração vem;
O sono chega depois de um dia ativo,
Trazendo o glorioso espírito de vida
Que na consciência é profundo e vivo.

Vivemos uma vida agitada na Terra;
Depois, com a nossa Alma, repousamos.
Processos que se clareiam, aprendizagens
Nos preparam para a vida que almejamos.

Respirando, seja dormindo ou acordado,
Vivendo na terra ou numa supradimensão,
O padrão de nosso progresso espiritual
É sempre o mesmo em qualquer ocasião.

Somos seres radiantes e espirituais
Expressando-nos em corpos que criamos.

When we waken to our True Self
The plan of life becomes more clear.

Trillions of cells make up our bodies
Within which on Earth we dwell..
Likewise , in the greater body
Of Humanity we are each a cell.

Could each cell within our body
A duplicate of a star might be,
That makes up the greater body
Of our far-flung Galaxy?

THE LEADING EDGE

A spiritual energy is breaking
through the minds and hearts of people,
reaching high in consciousness,
symbolized by a church steeple.

A hidden power within us all
is pressing us to discover.
The greater meaning of life on Earth,
this treasure to recover.

The pendulum swinging far and wide
goes through the central point,
but does not pause to be blessed
by the power that would anoint

And reveal the truth of who we are,
and why we are here on Earth.
As masculine, feminine, dark and light
draw toward a balanced birth.

Although the challenges are so great,
a new energy is holding sway.
Soon we will waken to understand
the androgyny of lesbian and gay.

Their nearness to the center of life,
while not yet understood,
Brings fear to the minds of those
threatened by this changing mood.

Quando despertamos para o Eu Verdadeiro
Todo o propósito de uma vida clareamos

Trilhões de células compõem o nosso corpo;
Ele é a casa que habitamos aqui na Terra.
Do mesmo modo que no ser da Humanidade
Somos uma célula que o corpo todo encerra.

Não seria cada célula em nosso corpo
A duplicata de uma estrela no firmamento,
Formando o corpo maior da divindade
Uma Galáxia distante além do tempo?

OS PIONEIROS

Nas mentes e corações das pessoas,
um rompimento de barreiras se enseja;
E a consciência espiritual as alcança,
simbolizada no campanário de uma igreja.

Dentro de nós um poder escondido
nos pressiona a buscar e descobrir
O tesouro a ser recuperado,
Para maior sentido à vida atribuir.

O pêndulo em seu movimento
ultrapassa o ponto de centralização,
Mas não faz pausa para ser abençoado
pelo poder que lhe dá a consagração.

E revela a verdade de quem somos
e por que estar na Terra é um legado.
Masculino e feminino, sombra e luz,
atraídos para um nascimento equilibrado.

Embora os desafios sejam imensos,
assume o controle uma nova energia.
Logo despertaremos para compreender
o inteiro significado da androginia.

Enquanto não for bem compreendida
essa realidade que o centro da vida alcança,
Mentes serão tomadas pelo medo
e verão ameaças na mudança.

Millions of children roam the Earth
in desperate need of care.
In the divine Creator's greater plan,
is there an answer there?

Deep in the heart of everyone
is the love for a little child.
Will childless and children now join,
in Christ's love so meek and mild?

When the precious pieces of life's puzzle
begin to fall in place,
a treasured picture will evolve
in God's great loving grace.

Milhares de crianças a vagar no desespero
e a precisar de cuidado e de carinho
Haverá no plano divino do Criador
uma resposta que esteja a caminho?

Amor profundo e verdadeiro por uma criança
todos tendem a sentir no coração.
Será que os órfãos e os que não têm filhos
Um dia no amor do Cristo se unirão?

Quando as peças desse quebra-cabeça
finalmente começarem a se encaixar,
Na graça e no amor de Deus
um novo quadro iremos revelar.

Preparing For the New Millennium

Ascension

Interplay

Entering a New World

We are All Refugees

Preparing for the Third Millennium

Reflection

Our Masterpiece

Entering the Aquarian Age

Entering the New Millennium

Preparando-se Para o Novo Milênio

Ascensão

Intercâmbio

Entrando Num Novo Mundo

Somos Todos Refugiados

Preparando-se Para o Terceiro Milênio

Reflexo

Nossa Obra-Prima

Entrando na Era de Aquário

Entrando no Novo Milênio

ASCENSION
Divine transition

Many millennia having passed, now humanity prepares for birth
From our Intellect to Intuition. It is ascension time on Earth.
Energy, beyond conscious knowing, is changing every cell,
Helping free the limitations that imprison the body in which we dwell.

Like water heating in a kettle, steaming and about to boil,
Although the change in us seems subtle, humanity is in turmoil.
The pattern for many thousand years for most of us at very best
Has been cycling energy in the three lower chakras, a joy and a test.

In the base or the father chakra, the fire of life holds safe and sure,
While the mother chakra, in surrender, receives the essence that is pure.
In this union the spirit rises to the solar plexus, symbol of the child.
This cycle has repeated for eons of time, but is now running wild .

As we prepare for this ascension, a great new pattern is breaking through
For spiritual fire to rise through the heart, when our love is fine and true.
Only in the precious moment of sexual completion , spiritual energy rose
Through this gate so briefly open, up through the chakras, then came repose.

In this time of life's ascension, new spiritual energy flow is proving
A glimpse of a greater inner union to which humanity now is moving.
For this heart gate to be more open, new inner balance is required
Of male and female inner life force. Androgyny is being inspired.

Each Soul is guiding its precious ego to find inner balance for this ascension
Through nature, books, quiet places and inner moments free from tension.
Relationships in the old pattern were sapping energy in possession and greed,
A cross fire of energy that's horizontal, cuts off the spiritual help we need.

When inner balance is clear and steady, releasing attachments and energy pull,
The indwelling spirit of life will guide us to others who also are more whole.
When two whole people come together with their commitment real and true,
They enhance the ascension of each other and help many other people, too.

As our inner energy is more balanced, we open the way for our ascension,
Rising in vibrational consciousness from the third to the fifth dimension.
It is lighter, stronger, more advanced and filled with creative joy and love
With spiritual energy flowing through, from below and from above.

ASCENSÃO
Transição divina

Milênios se passaram e a humanidade se prepara para um nascimento
Do intelectual para a intuitivo. Ascensão na Terra eis o momento.
Além de um saber consciente, a energia faz cada célula ser mudada,
Libertando limitações que aprisionam o corpo, nossa terrestre morada.

Como a água que ferve numa chaleira, quase no ponto de ebulição,
Embora a mudança pareça sutil e frágil, a humanidade está em agitação.
O padrão que atravessa milênios para a maioria de nós revelou
Que os três chakras inferiores são o teste e neles a energia circulou.

Na base está o chakra pai, fogo de vida que protege um bem seguro,
Enquanto o chakra mãe faz a entrega e recebe a essência do que é puro.
Nessa união o espírito se eleva ao plexo solar, simbolizando a criança.
Um ciclo repetido ao longo de eras, mas que agora sem controle avança.

Um novo padrão está emergindo, ao nos prepararmos para a ascensão.
Quando o amor é puro e verdadeiro, o fogo sagrado se eleva ao coração.
Em preciosos momentos, a energia sexual se eleva em sintonia espiritual,
Atravessa os chakras que se abrem e repousa cruzando um portal.

Neste tempo em que a vida ascende, uma fluir de energia vem provar
Que uma nova e importante união a humanidade vai experimentar.
Para que esse novo portal seja aberto, um equilíbrio maior é primazia,
Força interior masculina e feminina a inspirar uma androginia

A Alma orienta seu próprio ego a encontrar equilíbrio na ascensão
Junto à natureza, nos livros, na quietude de momentos sem tensão.
Relações moldadas no velho, sugam energia com a posse e a avidez,
Afastam a ajuda espiritual que precisamos, fogo cruzado de insensatez.

Se o equilíbrio é claro e estável, libera apegos e desperdício de energia,
O espírito de vida nos conduz a outros que partilham da mesma sintonia;
Quando duas pessoas íntegras se unem, o compromisso é real e verdadeiro;
Elas se ajudam mutuamente ao ascender e realçam a integridade do parceiro.

A energia interior se equilibra, quando abrimos o caminho para a ascensão,
Elevando vibrações na consciência, saímos da terceira para a quinta dimensão.
Plena de energia criativa e amor, é dimensão de maior força e luminosidade;
A energia espiritual livremente flui em todas as direções, com suavidade.

INTERPLAY

The turning of our Mother Earth,
Her ocean's surging tides.
Circulation of our life blood
Every atom's whirling life

The sharp pain of a wasp sting
Like a volcano in Earth's body.
Shivering on a frigid day
Like tremors of an earthquake.

A flash of intuition
In the midst of indecision,
Like a bolt of bright lightning
Hitting Earth on a rainy day.

Light and love of the Spirit
Lifting us from darker mood
Like the radiance of the sunshine
After weather's storm and cloud.

We approach a new millennium,
Bringing the end of a great cycle
With its powerful higher energies.
As we open our hearts and minds

We will waken to discover
Our part in life's vast picture
Within the mind of our Creator
In a magnificent cosmic plan.

ENTERING A NEW WORLD

Our ego is trapped in ignorance
with its great need to control.
It blinds us to our Spiritual truth
and takes a heavy toll.

Now every destructive thought and word,
each expression of lack
Automatically brings equal karma,
magnetically and swiftly back.

INTERCÂMBIO

O giro de nossa Mãe Terra,
Suas marés que vêm e vão.
Sangue circulando em nossas veias,
Pondo átomos de vida em ação.

Como um vulcão no corpo terrestre
A dor aguda da vespa picando.
Como tremores de um terremoto
Num dia muito frio tiritando.

No meio da indecisão,
Uma centelha intuitiva;
Relâmpago de alta voltagem,
Chuva cadente na Terra viva.

Na luz e no amor do Espírito
Humores obscuros transformando;
Raio de sol que cintila,
A turva tempestade dissipando.

Um novo milênio se aproxima,
Começo do fim da grande era.
Energias poderosas do espírito
Abrem mentes e corações sem espera.

Ao despertar iremos descobrir
O papel de cada um na vasta paisagem,
Guardada na mente do Criador
Plano magnífico da cósmica viagem

ENTRANDO NUM NOVO MUNDO

Aprisionado na ignorância,
o ego precisa sempre controlar.
Ao atrair grandes perdas,
da realidade espiritual quer nos cegar.

Palavra e pensamento destrutivos,
a crença de que vai faltar
Magnética e rapidamente
atraem de volta o seu par.

In this time of rapid change,
spiritual waking comes for those
Who can release the ego's hold.
Then love is freed and flows.

Inner change comes on swift wings,
clearing ego's tricks so clever.
From within a new strength comes,
opening hearts to love's endeavor.

By learning to watch and transform
thoughts and feelings as they rise,
Never tossing them out on others,
a new world opens — to our surprise.

In the powerful Aquarian energies now,
we have great responsibility
not to blame others or bore our friends
with old patterns of psychology.

With a new psychology of Light and Love,
no longer tossed and torn,
we are now waking Spiritually
and a new world is being born.

When appreciation is expressed
and in each other we see the very best,
We are uplifted and inspired
to greet life's challenges and meet each test.

For life is a mirror always true
to what we think and say and do.
So give to others the best you can
and the best will come back to you.

WE ARE ALL REFUGEES

What is happening on our Earth to change the lives of millions
Shaking loose old boundaries of nations, ties and opinions?

Thousands are wandering or encamped, refugees forced to change
All old patterns of their lives living in places that are strange.

If there is a hidden plan behind our lives and our progress,
What divine purpose can there be for such great human stress?

Em tempos de rápidas mudanças,
um despertar espiritual está chegando;
Aos que se libertam da prisão do ego,
o amor está chamando.

Ao limpar do ego suas artimanhas,
a mudança interior chega alada;
Corações abertos aos planos do amor,
temos força interior renovada

Ao observar sentimentos,
ao transformar pensamentos que surgem,
Sem jamais atirá-los no próximo,
um novo mundo de surpresa até nós vem.

A responsabilidade é muito grande
em Aquário de poderosa energia;
Sem culpar ou impor aos amigos
os velhos padrões da psicologia.

Com uma nova psicologia de Luz e Amor,
sem desgaste e fatalidade,
Nascemos para um mundo novo,
despertados em nossa espiritualidade.

Quando vemos o melhor nos outros
e expressamos valorização
Somos elevados e inspirados
a encarar desafios com precisão.

Pois a vida é um espelho a refletir
o que pensamos, dizemos ou fazemos.
Ao dar aos outros o melhor de nós mesmos,
o melhor do mundo teremos.

SOMOS TODOS REFUGIADOS

O que acontece aqui na Terra e que muda a vida de milhões,
Abalando velhas fronteiras entre países, vínculos e opiniões?

Milhares estão a vagar ou acampados, retirados e tendo que mudar
Os velhos padrões de suas vidas, vivendo em lugares de estranhar.

Se há um plano escondido em nossa vida e progresso,
Qual o propósito divino para desgaste humano tão intenso?

Deep within our consciousness a connection must be made
With higher levels of intellect as material attachments fade.

Our guiding Souls and Higher Selves are trying to reach through
To challenge and help us to prepare for a new life, clear and true.

We all are refugees on Earth, from our own true Spiritual Home,
With tremendous limitations here, wherever we may roam.

As we enter the next millennium the way will be revealed
For all who choose to face the light and let our egos yield.

One special free gift is always ours, on Earth or wherever we are
Our own Life Force surging through is our precious guiding star.

PREPARING FOR THE THIRD MILLENNIUM

Limitless the Life Force ever pressing for attention
When hearts and minds are open to the Fifth Dimension.

It is ignorance and fear that cause crime and war and greed.
To make our way in safety, higher energies we will need.

To know the truth and live in grace, are always ours to choose.
No matter what occurs on Earth, this prepares us not to lose.

The qualities of love and joy, so healing and transforming,
Will open wide our consciousness, as Spiritual life is forming.

Joy is a bouncey energy, deflecting our lack and fear.
With love and forgiveness, joy brings abundant cheer.

The secret is remembering, when challenges arise,
To let the Spirit guide the way to meet each new surprise.

We grow stronger with each test, our inner life secure.
With Spiritual joy, peace and love we are more safe and sure.

With direction and purpose clear, guided day by day,
Life is a great adventure when we live the Spiritual way.

REFLECTION

We can see the light and feel the warmth in beams of energy from the sun,
But only when objects reflect it can the light be seen and the warmth be won.

No profundo de nossa consciência deve ser feita uma conexão
Com níveis espirituais do intelecto quando apegos materiais se vão.

Nossas Almas e Eu Superiores estão tentando nos alcançar,
Desafiando-nos e dando ajuda para nova vida nos preparar.

Afastados do nosso Lar Espiritual, nessa Terra refugiados somos,
As limitações aqui são imensas, não importa por onde vagamos.

Ao entrarmos no próximo milênio, um caminho será revelado
Para os que escolherem encarar a luz deixando os egos de lado.

Um presente especial é sempre nosso, na Terra ou em qualquer lugar:
A nossa Força de Vida eterna, preciosa estrela a nos guiar.

PREPARANDO-SE PARA O TERCEIRO MILÊNIO

Força de Vida ilimitada clamando por nossa atenção
Quando corações e mentes se abrem à Quinta Dimensão.

É a ignorância e o medo que causam a guerra, o crime, a avidez.
De energias espirituais precisamos para seguir com sensatez.

Conhecer a verdade e viver na graça, caminhos que podemos escolher,
Não importa o que aconteça à Terra, certamente não iremos perder.

Qualidades do Amor e da alegria, tão curadoras vão nos transformar.
E ampliar de vez nossas consciências para a vida espiritual se instalar

A alegria é energia saltitante, que afasta o medo e o senso de falta.
Na presença do amor e do perdão, alegria abundante no peito salta.

O segredo é a lembrança de que o desafio vem sem avisar,
E o Espírito aponta o caminho para o inesperado encarar.

O vigor cresce com cada prova; a vida interior se faz em segurança,
Com paz e amor e alegria espirituais tudo é bem-aventurança.

A direção está clara, o propósito também, assim seguimos a cada dia,
A vida é uma grande aventura, quando o Espírito está na sintonia.

REFLEXO

Podemos ver a luz, sentir o seu calor e nos raios do sol a energia,
Mas somente quando objetos a refletem, a luz é visível e seu calor envia.

Our Higher Self on the fifth dimension is an inner sun shining bright.
Only when we accept its glory, we reflect its spiritual love and light.

The sun's energy is always beaming, though clouds often limit the rays.
Our High Self is always radiant, though ignoring it can cloud our days.

In the energy levels of vibration, in our Higher Consciousness,
We can create just by thinking with no restriction, or far less.

But now in our third dimension, where vibrations are very slow,
We must express in action what we want to manifest here below.

Many a person whom we meet becomes a challenging mirror true,
Reflecting needed change within us, by what they may say and do.

Our every thought has great power now. As it reflects spiritual energy,
It affects every cell in our body and is creating our lives continually.

Great change is penetrating our lives as we are learning to express
The Higher Energies coming to Earth, whether in technology or consciousness.

OUR MASTERPIECE

During the great solar cycle of twenty-five thousand years
In each life time that we have created, intricate detail appears.
There are ego depths and majestic heights in the painting of our lives,
Through trials, tests and renewing, our Spirit of Life still survives.

It is a great masterpiece of beauty, but in the human plan,
When the growing ego had its way, there were flaws in that life span.
All were reviewed and noted at the end of each life time on Earth.
We made a plan , clearing false details before each new birth.

Now, in the higher energies that are descending on us all
As we complete the great cycle, we can hear the distant call
Of our Soul and our Higher Self with our Guardian Angel, too,
To help us waken and discover what we still need to re-do.

At birth, the veil descending always hides our purpose true.
Our task is to discover what we are now here to do.
Through ages we have built a tower of disbelief and fear.
Now as we waken to Spiritual love, these old patterns will disappear.

For in seeking our life's mission and willingly facing the light
From deep within the answers come in meditation and dreams at night.
Hidden in our consciousness, the Spirit of Love and Peace
Grow more powerful every day, as inner barriers we release.

Nosso Eu Superior na Quinta Dimensão é um sol interior que brilha mais
Quando aceitamos a sua glória, refletimos seu amor e luz espirituais.

Quando nuvens limitam os raios, a energia desse sol brilha constante,
Ao ignorá-lo, turvamos nossos dias, o Eu Superior é sempre radiante.

Em nossa consciência superior, a energia se manifesta em vibrações;
Podemos com pensamentos criar tudo que queremos, sem restrições.

As vibrações são muito lentas aqui na terceira dimensão
Tudo que queremos manifestar, devemos expressar em nossa ação.

Muitas das pessoas que encontramos podem desafios espelhar;
Seus atos e palavras só refletem o que precisamos por dentro mudar.

Cada pensamento tem grande poder agora e reflete a energia espiritual,
Afeta cada célula em nosso corpo, vai criando o nosso viver afinal.

Enquanto aprendemos a expressar a energia espiritual em nossa essência,
Grandes mudanças chegam à Terra pela tecnologia ou na consciência.

NOSSA OBRA-PRIMA

Durante o grande ciclo solar de vinte cinco mil anos
Intricados detalhes aparecem em cada vida que criamos.
Na tela há abismos do ego e também majestosa paisagem,
Processos, testes e renovações, o Espírito da Vida em viagem.

É uma grande obra-prima de beleza, mas na dimensão do humano,
Quando o ego em evolução teve a sua parte, a vida incluiu o engano.
Ao fim de cada vida na Terra, tudo foi revisado e o registro se fez
Fizemos planos para liberar falsos detalhes, quando voltássemos outra vez.

Quando energias espirituais se derramam sobre nós
Completamos o grande ciclo e na distância escutamos a voz
De nossa Alma e do Eu Superior, o Anjo da Guarda presente,
Despertando-nos para descobrir o que consertar, realmente.

Ao nascer, um véu esconde o nosso propósito verdadeiro,
Nossa tarefa é descobri-lo e realizá-lo por inteiro.
Uma torre de medo e descrença através dos tempos elevamos,
Construções que desaparecem quando no amor espiritual despertamos.

Ao buscar a nossa missão na vida, dispostos a encarar a luz,
A meditação e o sono trazem respostas que o profundo conduz.
Escondidos na consciência, o Espírito de amor e paz
Cresce seu poder a cada dia e as barreiras internas desfaz.

In solitude inner light comes, though the pace is very slow.
But in loving service, care for others, light comes swiftly as energies flow.
The fine details of our painting that inspire others and uplift,
Are where we were guided by the Master Painter, a very precious gift.

ENTERING THE AQUARIAN AGE

All is waiting for our discovery
When we can open our hearts and minds
To the Majestic Ones who guide Earth's people.
But our ego's control limits and blinds.

Ego and free will are essential,
They have a releasing role to play.
But their rigid, frigid limitations
Hold us bound in a futile display.

When glimpses come of Earth's wonders
Arranged for by our guiding Souls
We begin to waken and discover
That we have radiant Spiritual roles.

The choice is ours — minute by minute.
When we learn to guard each thought and word,
A whole new inner power is ours,
And a precious inner voice is heard.

Each one of us is a beautiful Spirit
Waiting for us to allow It to shine through
To help us clear our thoughts and our feelings
And bring love and joy into all we do.

This uplifts those brought into our lives
And radiates out to all people on Earth,
Inspiring health, peace, and inner light
In this time of the third millennium's birth.

ENTERING THE NEW MILLENNIUM

As the great Solar Cycle is coming now to rest,
This life, though truly challenging, is by far our best.

Na solidão surge a luz interior, mesmo que o seu ritmo seja lento,
Serviço amoroso, cuidado pelos outros, e a luz flui como vento.
Detalhes pequenos de nossa obra-prima, que inspiram e elevam corações,
Pintamos guiados pelo Mestre Pintor e suas preciosas doações.

ENTRANDO NA ERA DE AQUÁRIO

Tudo espera a nossa descoberta
Quando abrimos mentes e corações
Aos Seres Majestosos que nos guiam.
Apenas o controle do ego traz limitações.

Ego e livre-arbítrio são essenciais,
Pois têm um papel libertador a cumprir.
Apenas suas limitações rígidas e frias
Da futilidade não nos deixam sair.

Quando na Terra encontramos maravilhas
Ordenadas pela Alma que nos guia,
Começamos a despertar e a descobrir
Radiantes tarefas para pôr em dia.

A escolha é sempre nossa a todo instante,
Ao proteger a palavra e o que pensamos,
Um poder interior a nós é dado,
Voz preciosa que no interior escutamos.

Cada um de nós é um belo Espírito
Que brilha com a nossa permissão
E ajuda a clarear emoções e pensamentos
Trazendo amor e alegria a toda ação.

Os que estão em nossa vida logo se beneficiam
E os povos da Terra a radiância recebem,
Saúde, paz e a inspiração da luz interna
Nasce o terceiro milênio para o nosso bem.

ENTRANDO NO NOVO MILÊNIO

O grande Ciclo Solar encontra, assim, sua finitude
E essa vida, apesar dos desafios, está plena na virtude.

Shining down upon us, in a glow of light and love,
The Spirit of Life is giving powerful energies from above.

It shows the great mosaic we have created. Now at last
Comes a birthing time in consciousness, the sum of all our past.
It calls for care and attention on all that we now create,
Clearing thoughts and feelings, letting old patterns dissipate.

It is the topmost, brightest detail in the whole vast array
Of all our majestic patterns, like scenes in a great play.
This century's last life time is bringing massive change
Which to our little ego often seems mighty strange.

In the fast pace of life now we are beginning to recover
Our link with Higher Energies, in which we will discover
We are not just mind and body, seeking for Spiritual Light
But a Glorious Living Spirit, within a body that feels tight.

Let us make our precious life now, as this millennium ends,
A clear, bright experience shared with our many friends.
Ready to march together, beating our little drum
With a vigorous, happy spirit, into the new Millennium.

O Espírito de Vida doando seu poder eterno e vibrante
É centelha de luz e amor a brilhar sobre nós radiante.

O grande mosaico que criamos finalmente nos é mostrado,
É a hora do nascer consciente, soma do que trouxe o passado.
O chamado é para cuidar atentamente de tudo que criamos no agora
Pensamentos e emoções, velhos padrões dissipados sem demora.

O detalhe brilhante é também o mais importante no vasto aparato
Um padrão majestoso, visto como se fosse uma grande peça de teatro.
A vida neste século que acaba está repleta de mutações colossais
Nosso pequeno ego diante de tudo isso se sente em planos astrais.

Nesse ritmo intenso de vida apenas começamos a nossa recuperação
Logo iremos descobrir com as energias do Espírito uma ligação;
Pois não somos apenas corpo e mente buscando a luz espiritual,
Mas um Glorioso Espírito Vivente encerrado num corpo material.

Enquanto um milênio vai acabando, façamos da vida um precioso dom,
Uma experiência de brilho e beleza compartida por pessoas irmanadas.
O Espírito feliz e cheio de energia, o novo Milênio em nossa companhia,
Prontas a seguir um mesmo caminho, na mesma batida, no mesmo tom.

GLOSSARY

AQUARIAN AGE — The solar zodiac sign of the period into which we are now moving, bringing greatly increased energies, with an impact on humanity that will redirect life plans, increase creativity, and open to spiritual awareness as we enter the third Millennium. (see Solar Age)

ASCENDED MASTERS — Beings who have transcended the Earth plane and have reached a higher level of consciousness. Many of these beings have chosen to guide and help people who are seeking to know who they are, why they are here and their mission on Earth.

BASIC SELF — The sub-conscious level of our Being that is linked directly with the power of the Spirit of Life and uses its energy to manage the body in which we live — beating the heart, breathing and being in charge of the systems, as well as the senses. KATHRIN is the name of the Basic Self of the one who wrote these poems and is known to her as one of her INNER PARTNERS.

CENTERS Of LIGHT — places of natural beauty where groups of people live together in harmony — working, studying and meditating — opening the way to spiritual guidance and higher levels of consciousness.

CHAKRAS — centers of whirling spiritual energy in the body. There are seven major centers up the spine and in the head that are connected with the Spirit of Life through the Soul and High Self.

DIMENSIONS or **LEVELS OF CONSCIOUSNESS** — We are living on several levels or dimensions at the same time — but are more awake only to the third active dimension and somewhat to the fourth — the area of the SOUL, through which the vital spiritual energy brings life to the body in which we live. Contact is mainly while sleeping, in dreams or while meditating. Souls work together on the fourth level to help us waken by bringing us into contact with people, books, through coincidences, and in many other ways. The FIFTH dimension is known as the level of the HIGH SELF. This level is known to the poet as the BLUE REALM of light. EACH LEVEL (like transformers in electricity) steps down the Spiritual Life Force for the next level to use, and serves as a guide or teacher for the levels below.

GUARDIAN ANGEL — From the vast array of Angels, we each have a Guardian Angel who, with great love, volunteered to be with us for our total life on Earth, guarding and guiding our lives as much as we will allow. We are becoming more aware of this help in this time of spiritual awakening within the higher energies reflecting into these final years of this millennium.

GROUP OF SOULS — We belong to a special group of Souls, who weave in and out in the evolutionary process, giving us help and challenging us in our spiritual progress. At the present moment the writer of these poems is the only incarnated member of her soul group, remaining in contact through meditation.

INNER PARTNERS — The Basic Self and Soul are the levels of consciousness linking us directly with the life force of the spirit.

GLOSSÁRIO

ERA DE AQUÁRIO — O signo solar e zodiacal que corresponde ao período que estamos iniciando. Uma época que impactará a humanidade por ser um período no qual as energias espirituais se intensificam e afetam a humanidade. Redirecionamento dos planos da vida, aumento da criatividade e abertura para uma nova percepção espiritual são características do terceiro milênio. (veja Era Solar)

MESTRES ASCENSIONADOS — Mestres de sabedoria que transcenderam o plano terrestre e atingiram um nível elevado de consciência espiritual. Muitos desses seres escolheram guiar e ajudar as pessoas que buscam se conhecer, e querem saber por que estão aqui e qual a sua missão na Terra.

EU BÁSICO — O nível subconsciente de nosso Ser total e que está diretamente ligado ao poder do Espírito de Vida, utilizando-se desse poder espiritual para administrar o corpo em que vivemos — batendo o coração, respirando e assumindo todos os sistemas do corpo e seus sentidos. A autora desses poemas chama o seu Eu Básico de KATHRIN, um dos seus PARCEIROS INTERNOS. (Para saber mais e entender a visão de Sara Marriott sobre os parceiros internos, leia os seus livros — *Uma Jornada Interior e Nossa Ligação com as Energias Superiores* — Editora Pensamento.)

CENTROS DE LUZ — Lugares de beleza natural onde grupos de pessoas vivem em harmonia — trabalhando, estudando, meditando — e, desse modo, abrindo o caminho para a orientação espiritual que vem dos níveis mais elevados da consciência.

CHAKRAS — centros de energia espiritual no corpo etérico. Existem sete chakras principais ao longo da coluna vertebral e na cabeça que estão conectados ao Espírito de Vida através da Alma e do Eu Superior.

DIMENSÕES OU NÍVEIS DE CONSCIÊNCIA — Vivemos em vários níveis ou dimensões de consciência, simultaneamente. Estamos mais conscientes da nossa atividade na terceira dimensão e percebemos algo da quarta dimensão — o espaço da Alma — de onde procede a energia espiritual que nos inspira e vivifica. Geralmente contatamos a quarta dimensão durante o sono, através de sonhos ou quando meditamos. As Almas trabalham em grupo na quarta dimensão e ajudam no nosso despertar. Elas nos poem em contato com pessoas, livros, coincidências e sincronicidade, que nos ajudam e inspiram. A quinta dimensão é conhecida como o nível do Eu Superior. Para a autora, esse nível luminoso é conhecido como o REINO DA LUZ AZUL. Cada dimensão, como transformadores de energia elétrica, passa a energia de um nível para outro, vindo da Fonte Espiritual de Vida. Cada dimensão guia e instrui a que lhe segue num amplo espectro de consciência.

ANJO DA GUARDA — Cada um de nós tem um ser do Reino Angélico como nosso Anjo da Guarda. Com grande amor e voluntariamente, ele permanece ao nosso lado durante toda a nossa experiência de vida na Terra. Ele orienta e protege a nossa vida sem interferir em nosso livre-arbítrio. Estamos ficando cada vez mais conscientes desse tipo de auxílio espiritual, ao despertamos para as energias mais elevadas, disponíveis nos anos finais do segundo milênio.

GRUPO DE ALMAS — Pertencemos a um grupo especial de Almas que circulam em ciclos evolutivos , na vida e na morte, e nos ajudam e nos desafiam a seguir progredindo

– 125 –

KARMA — In our third dimensional world, every thought, word, feeling, action and reaction causes a magnetic effect that returns to us -whether it is positive or negative. As we consciously hold a positive approach to life and open our minds and hearts to the healing, transforming inner power of Spiritual Love and Light, it dissipates the negativity — like turning on a light in a dark room.

SHADOWLAND — A dark area of vibratory energy between the third and fourth dimensions. In this time of conscious spiritual awakening, powerful light centers are being developed to help those caught in this area to waken and prepare for their progress to the fourth dimension or to return to complete their life on Earth.

SOLAR CYCLE — As our Earth makes an ellipse around the sun in one year through 12 zodiac signs — our SUN makes an ellipse or cycle through the 12 signs in approximately 26.000 years. Each time the Solar Cycle comes into the sign of Aquarius, a major rapid change comes in all phases of life, which uplifts the consciousness of humanity — a time of Spiritual awakening. We are told that the powerful energies coming to the Earth at this time are caused by the ellipse of another great sun which comes closer to our solar system at the time of Aquarius.

SOLAR PLEXUS — The nerve center in the human body in the pit of the stomach. It is known as the third chakra, and is the main center of the Basic Self.

SPIRIT - SPIRIT OF LIFE — Like electricity from a great power-house coming through transformers, each stepping down the energy to the next, until it comes to millions of light bulbs, waiting for the light to be turned on to give light and warmth; the Great Majestic Spirit of Creation, the powerful electromagnetic Life Force, comes down through levels of consciousness, or dimensions, until it reaches every person on Earth, giving life to the physical bodies in which we are temporarily living. It brings the healing, transforming power of Spiritual Love, Light and Joy. We take in this energy with every in-breath and are waking to consciously open our hearts and minds to this treasure.

TIBETAN RITES — A series of five special exercises that bring into line the key spiritual centers or chakras of the body. These rites are found in a book — *The Fountain of Youth*, by Peter Kelder.

WU WEI — Tuning in to our inner nature using little effort (as explained in the *Tao of Pooh*). Just letting the energy flow through us, allowing the guidance and wisdom of our Soul and High Self to come through effortlessly without resistance.

espiritualmente. No momento presente, a autora é o único membro encarnado de seu grupo de Almas, que é contatado através da meditação.

PARCEIROS INTERNOS — o Eu Básico e a Alma são níveis de consciência e parceiros que nos conectam diretamente com a energia do Espírito de Vida.

KARMA — No nosso mundo de terceira dimensão, cada pensamento, palavra , sentimento, ação e reação causa um efeito magnético que a nós retorna, seja sua origem positiva ou negativa. Ao mantermos conscientemente uma abordagem positiva da vida e ao abrirmos nossas mentes e corações ao poder espiritual da Luz e do Amor que curam, eles dissipam a negatividade. É como acender a luz num quarto escuro.

SHADOWLAND (A tradução literal seria "Terra da Sombra") — Uma zona de energias vibratórias obscuras entre a terceira e a quarta dimensões. A autora se refere pela primeira vez a esse lugar em seu livro *Jornada Interdimensional* — Editora Pensamento. Nesta época em que vivemos, centros poderosos de luz estão sendo criados para ajudar àqueles que estão aprisionados nessa dimensão sombria. E, assim, são ajudados a despertar e a se preparar para seu progresso na quarta dimensão, ou para regressar e completar seu trabalho na Terra.

CICLO SOLAR — A Terra faz uma elipse em torno do Sol no prazo de um ano e atravessa 12 signos zodiacais. Nosso SOL faz uma elipse ou atravessa os 12 signos zodiacais em aproximadamente 26.000 anos. A cada vez que o Sol chega ao signo de Aquário, importantes mudanças se processam em todas as fases da vida, e isso faz com que se elevem os níveis vibratórios da consciência humana. Um despertar espiritual se manifesta. Diz-se que as poderosas energias que chegam à Terra e agitam o milênio entrante são causadas pela elipse de um outro grande Sol que se aproxima do nosso sistema solar na época de Aquário.

PLEXO-SOLAR — Um centro etérico no corpo humano, localizado na altura do estômago. É conhecido como o terceiro chakra e é o centro mais importante para o Eu Básico.

ESPÍRITO — ESPÍRITO DE VIDA — Imagine a eletricidade que vem de uma grande centro fornecedor de energia, através de transformadores, passando de um nível para outro, até que chega a milhões de pequenas lâmpadas, que esperam que o interruptor seja ligado e, assim, sua luz e calor sejam visíveis. Do mesmo modo, o Majestoso Espírito Criador, uma poderosa Força de Vida eletromagnética, atravessa muitos níveis ou dimensões de consciência, até alcançar cada pessoa na Terra, dando vida aos corpos físicos, onde vivem temporariamente. É esse Espírito de Vida que traz o poder transformador do Amor Espiritual, da Luz e da Alegria. Nós inspiramos essa energia em cada alento e estamos despertando, cada vez mais intensamente, para receber esse tesouro em nossos corações e mentes.

RITOS TIBETANOS — Uma série de cinco exercícios especiais que nos alinham com os centros espirituais ou chakras, em nosso corpo. Esses ritos estão num livro intitulado — *The Fountain of Youth*, de Peter Kelder.

WU WEI — Termo chinês que, no Taoísmo, diz respeito a estar em sintonia com a nossa natureza interior, utilizando-nos do mínimo esforço. (Como foi explicado à autora em *O Tao do Pooh* — Editora Triom — SP). Apenas deixar que a energia flua através de nós, e traga a orientação e a sabedoria da Alma e do Eu Superior, sem esforço, sem resistência da nossa parte.